Edition Maritim

B. MÜLLER · S. SCHEITER · J. STRASSBURGER

SCHLEMMER TÖRNS *in Kroatien*

66 Top-Restaurants an der Küste

Edition Maritim

Alle in diesem Buch enthaltenen Angaben und Daten wurden von den Autoren nach bestem Wissen erstellt und von ihnen sowie vom Verlag mit größtmöglicher Sorgfalt überprüft. Gleichwohl können wir keinerlei Gewähr oder Haftung für die Richtigkeit, Vollständigkeit und Aktualität der bereitgestellten Informationen übernehmen. Die hier zur Verfügung gestellten Pläne dienen lediglich zur Orientierung und nicht zur Navigation; sie ersetzen also keine See- bzw. Sportbootkarten oder andere offizielle nautische Unterlagen, deren Mitführung in aktueller Fassung wir dringend empfehlen.

Wir hoffen, dass Ihnen dieses Buch viel Freude bereitet. Falls Sie Anregungen haben sollten, was wir in Zukunft noch besser machen können, schreiben Sie uns bitte an *reiselektorat@delius-klasing.de.*
Korrekturen veröffentlichen wir im Interesse aller Leser unter *www.delius-klasing.de* auf der jeweiligen Produktseite.

Bibliografische Information der Deutschen Nationalbibliothek
Die Deutsche Nationalbibliothek verzeichnet diese Publikation in der Deutschen Nationalbibliografie; detaillierte bibliografische Daten sind im Internet über http://dnb.dnb.de abrufbar

2., aktualisierte Auflage
ISBN 978-3-667-11019-0

Karten und Hafenpläne: Planstelle Jens Rademacher, Hamburg, nach Vorlagen von Bodo Müller und Jürgen Straßburger
Fotos (inkl. Umschlagfotos): Bodo Müller außer vordere Umschlagklappe oben privat, S. 23 o. und u. Weingut Miloš, S. 30 u. und S. 31 Petr Blaha, S. 63 Konoba Šoleta, S. 66 u. und S. 67 Restaurant »Aco«, S. 157 o. und u. Restaurant »360°«
Lektorat: Christine Siedle
Umschlaggestaltung: Buchholz-Graphiker, Hamburg
Layout: Gabriele Engel
Lithografie: scanlitho.teams, Bielefeld
Druck: Westermann Druck, Zwickau
Printed in Germany 2017

Das Titelmotiv zeigt links die Bucht Podškolj auf der Insel Mljet und rechts die Bucht Medoš auf der Insel Kaprije. Auf der Rückseite ist Lopud im Elaphiten-Archipel zu sehen.

Delius Klasing Verlag, Siekerwall 21, D - 33602 Bielefeld
Tel.: 0521/559-0, Fax: 0521/559-115
E-Mail: info@delius-klasing.de
www.delius-klasing.de

FSC
www.fsc.org
MIX
Papier aus verantwortungsvollen Quellen
FSC® C110508

Inhalt

Entrée

Wo ankern wir heute Abend? Wo gehen wir Essen? Zwei simple Fragen, die entscheidend für den Erfolg eines Törns sein können.

Auch wir als Autoren haben diese Fragen unendlich oft diskutiert und mit Stegnachbarn »Geheimtipps« ausgetauscht. Die Debatten über die schönste Bucht mit dem besten Lokal füllen ganze Seiten in Bordbüchern, Fachmagazinen und Foren. Als Reporter der Zeitschriften *boote* und *Yacht* sind wir seit Anfang der 1990er-Jahre an der Ostküste der Adria unterwegs und haben (nahezu) jede Bucht kennengelernt. Hunderte persönlicher Anfragen zum idealen Liegeplatz mit dem schönsten Restaurant durften wir schon beantworten. So wuchs über die Jahre die Idee, unser Wissen in einem praktischen Buch weiterzugeben.

Alle in diesem Buch beschriebenen Restaurants sind mit dem Boot erreichbar. Sie können also mit der Yacht am Lokal anlegen oder davor ankern bzw. an einer Boje festmachen. Wir haben lediglich eine Ausnahme, bei der man ein paar Minuten mit dem Taxi fahren muss, ins Buch aufgenommen: Am Südende der Opatija-Riviera liegt hoch oben über dem Hafen von Lovran die ehemalige Sommerresidenz des österreichischen Kaisers Franz Joseph, die heutzutage ein Toprestaurant beherbergt. Dieses haben wir nicht wegen der Habsburger Historie aufgeführt, sondern weil es unter Nautikern sehr beliebt ist – einerseits wegen des guten Essens, andererseits wegen der sensationellen Aussicht über die Inseln des Kvarner.

Die vorliegende Auswahl an Restaurants basiert auf Hinweisen von Seglern und Motorbootfahrern, auf guten Tipps von Revierkennern in Marinas und Charterfirmen und last but not least auf den jahrelangen persönlichen Erfahrungen der Autoren.

Alle im Buch beschriebenen Lokale haben wir persönlich aufgesucht, nicht zuletzt um die Fotos für dieses Buch zu machen. Unabhängig von unseren persönlichen Eindrücken haben wir die Bewertungen von Gästen hinzugezogen, die bereit waren, uns ihre Eindrücke zu vermitteln. Die finale Auswahl zeigt ein breites gastronomisches Spektrum – von der urigen Konoba mit gegrilltem Fisch aus der »schwarzen Küche« bis hin zum Gourmettempel mit Fünf-Gänge-Menü.

Wichtig war uns, dass sich das Lokal durch Ambiente, Service und / oder Qualität der Speisen vom Durchschnitt abhebt und dass Yachties einen sicheren Liegeplatz in der Nähe finden. Dennoch bleibt die Auswahl der Lokale eine subjektive Entscheidung, die keinen Anspruch auf Vollständigkeit erhebt.

Aus diesem Grund freuen wir uns auf eine gute Zusammenarbeit mit unseren Lesern. Bitte schreiben Sie uns, wenn Sie von einem Lokal begeistert oder enttäuscht sind oder etwas nicht so vorfanden, wie in diesem Buch beschrieben. Wir freuen uns auf Ihre Kritiken und Hinweise.

Schlemmerfreuden im Restaurant »Yachtclub« in der Marina Baotić, Seget Donji bei Trogir

Bodo Müller:
info@bodo-mueller.de
Siegrun Scheiter:
sscheiter@gmx.de
Jürgen Straßburger:
strassburger@versanet.de

Das vorliegende Buch ist als Restaurantführer zu benutzen, wobei die Detailpläne lediglich der Orientierung dienen. Zur Navigation verwenden Sie bitte die nautischen Standardwerke *Küstenhandbuch Kroatien und Slowenien, Koper – Split* und *Küstenhandbuch Kroatien und Montenegro, Split – Ulcinj mit Skadar-See* bzw. aktuelle Sportbootkarten.

Von Trüffeln bis Boraschinken – kroatische Spezialitäten

Istrische Trüffeln

Die Geschichte des teuersten Pilzes der Welt lässt sich bis zu 3000 Jahre zurückverfolgen, galt er doch schon den ägyptischen Pharaonen als Delikatesse. Auch die Römer kannten den kostbaren Pilz. Sie meinten, dass Trüffeln dort wüchsen, wo der Gott Jupiter mit seinem Blitz den Stamm einer großen Eiche getroffen hätte. Als Aphrodisiakum wurden die unterirdisch wachsenden Pilze im Römischen Reich mit Gold aufgewogen.

Trüffeln gedeihen in verschiedenen Teilen Europas, wobei Experten meinen, dass die hochwertigsten Trüffeln in der norditalienischen Provinz Piemont und auf der Halbinsel Istrien wachsen. Die begehrten Pilze dringen nur selten bis an die Erdoberfläche, wo sie auch nur von erfahrenen Sammlern erkannt werden.

Die meisten Trüffeln wachsen in Tiefen um 20 Zentimeter und sind für den Menschen nicht ohne Hilfe auffindbar. Bekannt ist die Suche mithilfe von Trüffelschweinen, wobei geschlechtsreife Sauen eingesetzt werden. Denn die unterirdisch wachsenden Pilze geben Androstenon ab, ein Derivat des Sexualhormons Testosteron.

Schlemmerküste: »Nada«, Vrbnik (o. l.); Rolle von Seebrasse, »Ribarska Koliba« (o. r.); Stadt Rovinj (Mitte); Brancin an Möhrenpüree, »Puntulina« (u. l.); Seafood, »Fešta« (u. r.)

Schwarze Trüffeln, in feine Scheiben geschnitten, sind eine Spezialität der Küche Istriens.

Damit riechen die Trüffeln ähnlich wie ein paarungsbereiter Eber. Ob die Einnahme von androstenonhaltigen Trüffeln auch beim Menschen die Paarungsbereitschaft erhöht, wird viel diskutiert, ist aber nicht wissenschaftlich nachgewiesen.

Die Suche mithilfe von Schweinen hat den Nachteil, dass diese die Trüffeln sofort fressen wollen und dabei kaum zu zügeln sind. August der Starke, Kurfürst von Sachsen und König von Polen, führte 1720 die Trüffelsuche mit Hunden ein, die heute am meisten verbreitet ist. In Sardinien sucht man noch heute die Edelpilze mithilfe von Ziegen, während in Russland früher vor allem Bären eingesetzt wurden.

Trüffeln sind die teuersten Speisepilze. Für ein Kilo Weiße Trüffeln zahlt man in Europa bis zu 9 000 Euro, in Russland und Japan bis zu 15 000 Euro. Zum Vergleich: Der Goldpreis liegt momentan (Mitte 2017) bei rund 38 000 Euro das Kilo. Im Gegensatz zum Edelmetall variiert der Preis der Weißen Trüffeln extrem stark in Abhängigkeit von Nachfrage und Angebot. Je nach Witterung gibt es schlechte oder gute Trüffelernten und entsprechend astronomisch hohe oder extrem niedrige Trüffelpreise. Auch die Größe und die vorzugsweise kugelige Form der Trüffeln haben Einfluss auf den Marktwert.

Bei einer Auktion im November 2006 in Grinzane Cavour im Piemont ersteigerte ein Bieter aus Hongkong drei Trüffeln, die zusammen 1,5 Kilogramm wogen, für 125 000 Euro – etwa das zweifache des Goldpreises. Bei der Auktion im darauffolgenden Jahr wurden, wiederum von einem Käufer aus Hongkong, für einen 750 Gramm schweren Weißen Trüffel 143 000 Euro geboten – rund das Fünffache des Goldpreises!

Einen der größten und kostbarsten Trüffel aller Zeiten fand im Oktober 1999 der Kroate Giancarlo Zigante bei Buje im Nordwesten Istriens. Der Weiße Trüffel wog sensationelle 1,31 Kilogramm. Experten schätzen, dass der Trüffel auf einer internationalen Auktion bis zu einer halben Million Euro gebracht hätte. Doch Familie Zigante entschied sich anders. Sie veranstaltete in ihrem Ort ein großes Trüffelessen und lud dazu 100 Personen ein.

Seitdem zieht es jedes Jahr Hunderte Schatzsucher in den Wald von Motovun, wo die größten Trüffelschätze der Welt vermutet werden. Unweit des mittelalterlichen Städtchens Motovun hat man von einer magischen Anhöhe einen schönen Blick hinunter ins Tal des Flusses Mirna. Unter den alten Eichen dort ist der Boden sehr feucht. Trüffeln leben vorzugsweise in Symbiose mit Eichen und in der Nähe von Flüssen.

Es werden vor allem zwei Trüffelarten unterschieden: Der Weiße Trüffel *(Tuber magnatum)*, der von September bis Januar geerntet wird, ist der teuerste Edelpilz. Der Schwarze Trüffel *(Tuber melanosporum)* wächst von Januar bis zum Frühjahr und wird in Istrien als beste schwarze Art geschätzt. Neben diesem gibt es zwei weitere schwarze Trüffelarten, die ihm ähneln: den Sommer-Trüffel *(Tuber aestivium)* sowie den Muskat-Trüffel *(Tuber brumale)*. Ersterer wächst das ganze Jahr über, Letzterer nur im Winter. Beide Arten sind preiswerter als *Tuber melanosporum*.

In Istrien wird heute eine Vielzahl von Speisen mit Trüffeln veredelt: Teigwaren, Fisch, Meeresfrüchte, Fleisch, Süßspeisen, Kuchen und sogar Speiseeis. Trüffeln sind das Markenzeichen für die hochwertige Küche der herzförmigen Halbinsel im Norden Kroatiens.

Pager Käse

Der Paški Sir, der Käse von der Insel Pag, ist das weltweit bekannteste Produkt Kroatiens, obwohl man es außerhalb von Kroatien nur schwer kaufen kann. Auf großen internationalen Käsemessen räumt der Paški Sir alljährlich Preise und Trophäen ab – gegen die führenden Käsehersteller aus Frankreich, England und der Schweiz. Dabei können sich die Schafe dieser Länder grüner Weideflächen erfreuen, während die Schafe der Insel Pag auf salzhaltigen Geröllhalden grasen. Aber sie gehören halt zu einer kleinen, genügsamen Art, die es nur auf Pag gibt.

Die Nordosthänge von Pag gleichen einer Mondlandschaft. Hier weht im Winter die

Auf den karstigen Böden der Insel Pag ernähren sich die Schafe vor allem von Kräutern.

eiskalte Bora mit Orkanstärke aus dem Velebit, reißt Meerwasser mit sich, sprüht es über das in Jahrmillionen verwitterte Kalksteingeröll und löscht nahezu jede Vegetation aus. In den Felsspalten des karstigen Gesteins, das von einer Salzkruste überzogen ist, überleben nur wenige Pflanzen. Vor allem sind es wilder Salbei und niedrig bleibender Fenchel. Und eben von diesen salzhaltigen Kräutern ernähren sich die rund 28 000 Schafe der Insel. Schon das würzige Aroma der Pager Schafsmilch gibt einen Vorgeschmack auf den einzigartigen Käse. Es dürfte weltweit die einzige Schafsmilch sein, die – ohne Hinzufügen irgendwelcher Gewürze – nach Wildkräutern schmeckt.

Zentrum der Käseproduktion ist der auf einer Anhöhe gelegene Ort Kolan. Hier befindet sich die größte und bekannteste

Der Paški Sir aus der Käserei Gligora in Kolan zählt zu den besten der Welt.

Der bröselige Paški Sir wird traditionell in Würfeln auf Olivenöl serviert.

Käserei Sirana Gligora. Ihr jetzige Inhaber Ivan Gligora stammt aus einer Bauernfamilie, die schon in dritter Generation Pager Schafskäse produziert. Ivan hat in Rijeka und Zagreb studiert und auch die modernen Technologien der Käseherstellung erlernt. Nach dem Jugoslawienkrieg kehrte er zu seinen Wurzeln zurück und wurde Produktionsleiter der Molkerei Sirana in Kolan. In wenigen Jahren machte er den dort produzierten Schafskäse international bekannt. Gleichzeitig baute er sein Unternehmen, das jetzt seinen Familiennamen trägt, zu einer modernen Käsefabrik aus, wobei die traditionellen Reifungsprozesse beibehalten wurden.
In der 2010 gebauten modernen Produktionshalle sind heute 27 Arbeiter beschäftigt. Über 200 Bauern der Insel Pag liefern die begehrte würzige Milch an die Käserei. Für den originalen Paški Sir wird ausschließlich Milch von Schafen verwendet, die auf der Insel Pag weiden. Dabei benötigt man für zehn Kilo Schafskäse 64 Liter Milch. Ein noch junger Pager Käse schmeckt nussig und nur leicht scharf. Der ausgereifte Käse ist sechs bis zwölf Monate alt, hat eine marmorierte Struktur und ist beim Schneiden bröckelig. Er schmeckt pikant-würzig und scharf. Pro Jahr werden rund 50 Tonnen originaler Paški Sir hergestellt. Diese Menge reicht für den kroatischen Binnenmarkt – und für auserwählte Gourmettempel in Paris, New York oder Tokio.
Ivans Sohn Šime, der Juniorchef des Unternehmens, serviert seinen Gästen nach einer Betriebsführung den ausgereiften Paški Sir nach traditioneller Art in Würfeln auf einem Teller mit Olivenöl und kommentiert: »Er schmilzt im Mund und verlangt nach Wein.«
www.gligora.com

Boraschinken

Eine herausragende Spezialität Istriens und Dalmatiens ist der Rohschinken Pršut. Kenner behaupten, es sei der beste der Welt. Aber was ist das Besondere am Schinken aus Kroatien? Immerhin werden in anderen Mittelmeerländern auch gute und teilweise bekanntere Schinken produziert.
Es ist die Bora, dieser kalte Wind aus Nordost, den es nur an der Ostküste der Adria gibt. Er lässt den Pršut zu einer einzigartigen Delikatesse reifen. Kenner nennen den Dalmatinski Pršut darum auch Boraschinken.
Die Schweinekeulen werden, nachdem das Blut ausgepresst ist, in speziellen Scheunen aufgehängt, die frei in offener Landschaft stehen. Der obere Teil der Steinhäuser ist unterhalb des Daches offen, da hier die Bora hindurchblasen soll, mindestens einen Winter lang. Der eiskalte Wind, der Orkanstärke erreichen kann, reißt Meerwasser mit sich. Die Bora lässt den Schinken austrocknen, wobei er vom Meersalz gepökelt wird. Der beste Schinken reift dort, wo die Bora am stärksten bläst. Dies sind vor allem die Ostküsten von Krk, Rab und Pag.

Der Rohschinken Pršut wird in hauchdünnen Scheiben gern als Vorspeise angeboten.

In der Bucht Gožinka auf Rab kann man den Boraschinken als Hauptgericht genießen.

Ein fertiger Boraschinken wiegt etwa sechs Kilogramm, ist hart wie Stein und wird von Hand geschnitten. Dazu wird er in eine spezielle Halterung gespannt. Mit einem schmalen, extrem scharfen Messer erhält man hauchdünne Scheiben mit einem unwiderstehlichen Duft.

Der Pršut zeichnet sich durch einen leicht süßen Geschmack aus. Dabei kann die Oberfläche zuweilen etwas salzig sein. Perfekt ist er, wenn er nach einigen Bissen im Mund förmlich zergeht. Als Weinbegleitung passen dazu sowohl der weiße Malvazija wie auch schwerere Rotweine aus dem Süden Dalmatiens.

In der Tradition des Küstenlands wurden Schweine, aus denen Pršut bereitet wurde, nur mit Feigen gefüttert.

Wildkräuter

Wer mit offenen Sinnen durch die dalmatinische Inselwelt reist, kann das Paradies nicht nur sehen und schmecken, sondern auch riechen. Schon in der Ankerbucht,

Blühender Rosmarin in der Bucht Kobaš im Süden des Pelješac

Vom Garten in die Küche: Kräuterbeete im Hotel »Park Plaza Histria« in Pula

Wilder Majoran (Oregano) im Kräutergarten des Restaurants »Kanajt« in Punat

spätestens aber beim Landgang kann man sich dem aromatischen Duft der Kräuter nicht mehr entziehen.

Was wir in Mitteleuropa nur mühsam im Küchenfenster oder Kräutergarten aufzuziehen versuchen, wächst in Kroatien wild. Die Kräuter wuchern geradezu an trockenen und verkarsteten Kalksteinhängen und Geröllhalden. Der Koch einer noch so abgelegenen Konoba braucht also nur wenige Schritte aus seiner »schwarzen Küche« zu stolpern und hat den schönsten Wildkräutergarten vor sich. Größere Restaurants haben unweit der Küche spezielle Beete angelegt. Die wilden Kräuter verfeinern Fleisch- oder Fischgerichte, gehören in eine Peka und geben mancher Süßspeise ihre feine Note.

Die wichtigsten Kräuter, die man nahezu überall wild wachsend findet, sind: Wilder Majoran (auch Dost oder Oregano genannt), Thymian, Rosmarin, Lorbeer, Wacholder, Echter Salbei, Fenchel, Labkraut, Lavendel, Bohnenkraut und Minze.

Neben Kräutern gedeihen an der kroatischen Küste noch andere Wildpflanzen, die seit Generationen die mediterrane Küche bereichern. Bekannt ist vor allem der Wilde Spargel, der in Istrien weit verbreitet ist. Schon seit der Antike wird Meerfenchel (deutsch auch Seefenchel oder Bazillenkraut) kulinarisch und medizinisch genutzt. Meerfenchel gedeiht auf Felsen, die von salziger Gischt besprüht oder überflutet werden. Früher wurde die Pflanze wegen ihres hohen Vitamin-C-Gehalts auf langen Seereisen zur Vorbeugung von Skorbut mitgeführt. Heute hat sie Einzug in die gehobene Küche gefunden und wird als Beigabe von Salaten bzw. zu Fisch und Meeresfrüchten gereicht.

Olivenöl

Der Oliven- oder Ölbaum zählt zu den ältesten Kulturpflanzen des Mittelmeerraums. Seine Geschichte lässt sich über 9000 Jahre zurückverfolgen, sowohl in der Wirtschaft, Kunst, Religion als auch in vielen Mythen. Er spielt nicht nur in der griechischen Antike eine wichtige Rolle, sondern auch im Alten und Neuen Testament. Man nutzte das Öl zu Speisen, Opfergaben, als Brennöl für Lampen und zum Salben des menschlichen Körpers. Schon im frühen Christentum war der Ölzweig das Symbol

Olivenbaum mit fast reifen Früchten in Veli Rat auf der Insel Dugi Otok

Kleine Auswahl istrischer Olivenöle im Restaurant »Plavi Podrum« in Opatija-Volosko

des Friedens und der Fruchtbarkeit. So schickte Noah nach der Sintflut eine Taube los, die mit einem Ölzweig im Schnabel zurückkehrte – das Symbol des Lebens. Eine ähnliche Bedeutung als Spender von Leben und Licht hat der Ölbaum auch im Koran. Heute ist das Symbol der Vereinten Nationen umrandet von Zweigen des Ölbaums, dem Symbol des Friedens.

Wie lange es den Ölbaum an der Adria schon gibt, ist nicht datiert. Man geht davon aus, dass die Kultur der Pflanze mindestens bis in die römische Zeit zurückreicht. Laut Überlieferung sollen es aber Griechen gewesen sein, die den ersten Ölbaum an der Küste des heutigen Kroatiens pflanzten. Olivenbäume werden heute entlang der gesamten Adriaküste, auf den Inseln sowie im küstenfernen Hinterland kultiviert.

Der vermutlich älteste Olivenbaum in Kroatien wächst auf der Insel Brijuni. Der allein stehende Methusalem soll 1600 Jahre alt sein (festgestellt durch die C14-Datierungsmethode).

In der Umgebung von Lun im Norden der Insel Pag stehen 80 000 Olivenbäume, von denen etwa 1500 noch zur Wildform *Olea europea* ssp. *sylvestris* gehören. Diese wilden Ölbäume werden bis zu acht Meter hoch und haben einen Stammdurchmesser von bis zu einem Meter. Ein solch hohes Vorkommen wilder Olivenbäume ist einzigartig am Mittelmeer und hat einen hohen botanischen Wert. Daher wurde der Standort der alten Riesen im Jahre 1963 zu einem botanischen Reservat deklariert. Sie stehen seitdem unter Naturschutz.

Das genaue Alter der Methusalems von Pag konnte noch nicht wissenschaftlich bestimmt werden. Anhand äußerer Merkmale schwanken die Schätzungen aber zwischen 1000 und 1500 Jahren. Die alten Riesen tragen noch immer. Kenner behaupten, dass das Olivenöl aus Lun eine besondere Qualität und ein einzigartiges Aroma hat.

Wer heute an der kroatischen Küste segelt, sieht oft und meilenweit das silbrig glänzende Laub der Ölbäume. Leicht entsteht der Eindruck, dass Kroatien zu den führenden Produzenten zählt. Das ist aber weit gefehlt. Viele Anpflanzungen sind Jahrhunderte alt, die Terrassen sind verfallen und von Macchia überwuchert. Infolge einer seit Generationen andauernden Auswanderung und Landflucht werden viele Olivenhaine seit Jahrzehnten nicht

Die Methusalems des Ölbergs in Lun auf der Insel Pag sollen über 1000 Jahre alt sein.

mehr gepflegt oder beerntet. Mit Beginn des neuen Jahrtausends ist jedoch – dank staatlicher Förderung – die erfreuliche Tendenz erkennbar, dass immer mehr Ölhaine rekultiviert bzw. neu aufgeforstet werden. Die Errichtung neuer Olivenhaine ist auch eine Präventivmaßnahme gegen Waldbrände.

Der Anbau von Oliven kann sogar im karstigen Kroatien wirtschaftlich interessant sein, vor allem weil man inzwischen weiß, dass das Land nicht mehr in der Lage ist, seinen Eigenbedarf zu decken, und Olivenöl aus Spanien, Italien und Griechenland importieren muss. Dies ist auch einer der Gründe, warum das kroatische Olivenöl im Ausland nur schwer zu bekommen ist.

Derzeit werden in Kroatien je nach Witterung zwischen 10 000 und 35 000 Tonnen Oliven pro Jahr geerntet. Allein der Marktführer Spanien produziert mehr als hundertmal so viele Oliven. Danach folgen im Ranking der größten Olivenproduzenten Italien, Griechenland, die Türkei und die afrikanischen Mittelmeeranrainer.

Was ist das Besondere am kroatischen Olivenöl? Angeblich wurde das Öl von der Ostküste der Adria schon von den Römern geschätzt. Der kalziumhaltige Karstboden, die kalte Bora im Winter und die milden Sommer begünstigen Qualität und Geschmack. Die Ausprägung des Geschmacks wird jedoch wesentlich von der Erntezeit beeinflusst:

Bei früher Ernte Anfang Oktober erhält man ein Öl von grünlicher Farbe mit fruchtigem Geschmack und einem Duft von frisch geschnittenem Gras. Werden die Oliven von Mitte Oktober bis Mitte Dezember geerntet, bekommt man ein natives Öl mit

sehr harmonischem und ausgewogenem Geschmack. Wartet man mit der Ernte hingegen bis in die zweite Dezemberhälfte, sind die schwarzen Oliven sehr reif. Daraus entsteht ein süßliches Öl mit Mandelgeschmack.
Die Oliven werden in Kroatien in 112 Ölmühlen verarbeitet. Achten Sie beim Kauf von Olivenöl auf die Bezeichnung »native« oder »vergine«. Dieses Öl wird durch Kaltpressung oder Kaltextraktion gewonnen. Die Zusatzbezeichnung »extra« steht für die höchste Qualitätsstufe.

Weißes Gold aus dem Meer – die Salinen von Ston begründeten den Reichtum Dubrovniks.

Meersalz

In Kroatien wird in zwei Salinen Salz aus dem Meer gewonnen. Die nördlichere und etwas größere Saline befindet sich dabei am Rand der Stadt Pag auf der gleichnamigen Insel. Die dortige Salzgewinnung lässt sich bis ins 11. Jahrhundert zurückverfolgen. Wegen des »weißen Goldes« wurde die Stadt mehrmals ausgeraubt und zerstört. Die ersten Salzlagerhäuser wurden 1629 errichtet, weitere entstanden zur Zeit der Österreichisch-Ungarischen

Die Mauern von Ston schützten Stadt und Meerwassersalinen vor den Osmanen.

In Ston wird das Meersalz noch heute von Hand geerntet und auf Loren verladen.

Monarchie. An den Lagerhäusern konnten Schiffe anlegen, um die kostbare Fracht zu verschicken. Das Salzmuseum in Pag erinnert an die große Tradition.
Am südöstlichen Ende der Halbinsel Pelješac liegt die Stadt Ston mit der berühmten Meerwassersaline. Diese ist seit der Antike ohne Unterbrechung in Betrieb und damit eine der ältesten des Mittelmeeres. Für die Republik Dubrovnik war sie die Haupteinnahmequelle und der Salzhandel begründete den Reichtum des Stadtstaates. Um die »Goldquelle« zu schützen, baute die Republik Dubrovnik eine fünf Kilometer lange Festungsmauer über den Pelješac und befestigte die Stadt Ston mit ihrer Saline durch ein gigantisches System aus Mauern und Wehrtürmen.
Die Salzgewinnung in Ston ist seit dem Mittelalter nahezu unverändert. In dem natürlichen Salzgarten, der einen Durchmesser von etwa einem Kilometer hat, wird das Salz durch natürliche Verdunstung von Meerwasser gewonnen. Die Saline ist ein noch im Betrieb befindliches Kulturdenkmal und kann besichtigt werden. Die Salzernte, die je nach Witterung von Mitte Juli bis Mitte September stattfindet, wird als Volksfest gefeiert.
www.solanaston.hr

Austern

Im antiken Griechenland wurde der Auster eine aphrodisierende Wirkung zugeschrieben. In der Mythologie entsprang die Liebesgöttin Aphrodite einer Auster. Auch der venezianische Verführer Giacomo Casanova schwor auf die Muschel und schlürfte täglich 50 Austern, um seine Manneskraft zu stärken. Glaubt man den Legenden, dann soll insbesondere die Auster aus Ston die Liebeslust bei Mann und Frau beflügeln. Davon war nicht nur der Adel der Republik Dubrovnik überzeugt, sondern auch der österreichische Kaiser Franz Joseph.
So schön die Geschichten auch klingen, einen wissenschaftlichen Nachweis für die aphrodisierende Wirkung der Auster gibt es nicht. Doch wenn man daran glaubt, dann kann sich beim Öffnen und Schlürfen der Auster gewiss eine Placebowirkung einstellen …
Vor Mali Ston im Südosten des Pelješac wachsen angeblich die besten Austern der Welt, weshalb das Städtchen seit Jahrzehnten ein Wallfahrtsort für Gourmets ist. In den flachen, geschützten Buchten vor dem Ort finden die Schalentiere ideale Lebensbedingungen. Das klare Meereswasser wird hier vom Süßwasser unterirdischer Quellen durchmischt und die Austern vermehren sich unter natürlichen Bedingungen. Der im Flachwasser schwebende Laich haftet sich dabei an aufgestellten Netzen an und entwickelt sich zur Muschel. Die Austern werden mehrmals herausgenommen, per Hand gereinigt und in Kästen gestapelt oder an Seilen hängend wieder ihrem Element übergeben. Nach zwei bis drei Jahren

Eine von vielen kleinen Austernfarmen in der Bucht Kuta bei Mali Ston

haben sie die gewünschte Größe erreicht. In Ston erntet man jährlich etwa eine Million Austern. Die meisten werden in den Restaurants vor Ort verzehrt. Angeblich schmecken die rohen Austern am besten im Monat März, wenn in Ston und Mali Ston der Feiertag des heiligen Josephs zelebriert wird. Wer es partout nicht mag, lebende Austern roh zu verzehren, findet in den Restaurants in Mali Ston auch leckere Varianten mit gegarten Muscheln. Guten Appetit!

Die Austern werden in mühsamer Handarbeit gereinigt.

Nur mehrjährige Austern bester Qualität kommen in die Restaurants.

Von Žlahtina bis Babić – die kroatischen Weine

Der Weinanbau im heutigen Kroatien lässt sich bis in die Antike zurückverfolgen. Seit dem politischen Umbruch in den 1990er-Jahren und der Rückbesinnung auf die Werte der Marktwirtschaft hat ein regelrechter Weinboom eingesetzt. Hunderte Weinkellereien wurden wieder von den ursprünglichen Besitzerfamilien übernommen, die nach der Massenproduktion während des Kommunismus nun auf Qualität setzen.

In allen Regionen Kroatiens wird heute Wein angebaut. Die Bandbreite reicht von leichten, aromatischen und duftigen Weißweinen im Norden bis hin zu starken und vollmundigen Rotweinen im sonnigen Süden.

Kroatien gilt als das Land mit der größten Vielfalt an autochthonen Rebsorten, das heißt, es gibt hier noch viele alte Weinsorten, die nur an einem lokal begrenzten Standort und sonst nirgendwo in der Welt angebaut werden. Offiziell anerkannt sind heute 64 einheimische Rebsorten. Aufgrund dieser Vielfalt ist Kroatien eines der interessantesten Weinanbauländer der Welt. Inzwischen produzieren die kroatischen Winzer sowohl auf Basis autochthoner als auch international bekannter Rebsorten vorzügliche Weine von herausragender Qualität. Dennoch sind kroatische Weine außerhalb des Landes wenig bekannt. Das liegt unter anderem an der großen Vielfalt und den dadurch bedingten relativ kleinen Produktionsmengen. Nachfolgend stellen wir Ihnen die bekanntesten Weinsorten der Küstenregionen Istrien und Kvarner sowie Dalmatien vor. Diese Auflistung erhebt jedoch keinen Anspruch auf Vollständigkeit.

Der Plavac mali ist die beliebteste Rotweintraube in Dalmatien.

Vinothek im Gourmetrestaurant »Gastro Mare« in der Bucht Kobaš

Istrien und Kvarner

WEISSWEINE: Der Malvasier ist heute die wichtigste Rebsorte in Istrien. Angeblich brachten Griechen die Rebstöcke auf die Halbinsel. Istrien entwickelte sich zur größten Region für den weißen Malvasier.

Istrische Qualitätsweine aus der Winzerei Commot in Motovun

Plavac mali und Merlot aus dem Weingut Kagić in Barbat auf der Insel Rab

International ausgezeichnete Winzer wie Trapan, Arman oder Kozlovic produzieren heute Malvasierweine in Spitzenqualität. Außerdem werden Sauvignon blanc, Chardonnay, Pinot und Muskat angebaut.
Auf den Inseln des Kvarner dominieren heute die weißen autochthonen Rebsorten Žlahtina und Gegic. Der facettenreichere Gegic ist außerhalb Kroatiens kaum bekannt. Er wird vor allem auf der Nordhälfte der Insel Pag angebaut, die genau genommen schon nicht mehr zum Kvarner gehört.
Der Žlahtina von der Insel Krk hat es als frischer, aromatischer Sommerwein zu internationaler Bekanntheit gebracht. In der Weinstadt Vrbnik an der Ostküste von Krk gibt es mehrere Winzer, die den Žlahtina anbauen und keltern.

ROTWEINE: Der typische Rote aus Istrien ist der Teran. Nahezu jeder Winzer auf der Halbinsel baut ihn an und produziert ihn teilweise auch im Barrique. Der kräftige und säurebetonte Teran ist eng verwandt mit dem norditalienischen Refosco. Die istrischen Winzer keltern aber auch Merlot, Cabernet Sauvignon, Gamay und Syrah. Auf den Kvarner Inseln Losinj, Cres, Rab und dem angrenzenden Festland sowie im Norden der Insel Pag werden vorzugsweise Cabernet Sauvignon und Merlot angebaut.

Dalmatien

WEISSWEINE: In der Rotweinregion Kroatiens werden vor allem autochthone Weißweinsorten angebaut, die sich mit dem sonnenreichen Klima arrangieren. Bekannteste Rebsorte ist der Pošip von der Insel Korčula, der inzwischen auch auf Brač und dem Festland bei Makarska angebaut wird. Von der Insel Korčula kommt auch der aromatische Weißwein Grk.
Die autochthone Traube Kujundžuša aus der Region Imotski stammt vom Festland an der herzegowinischen Grenze. Weitere Weißweine sind Bogdanuša, Maraština, Prc und Malvazija Dubrovačka. Letzterer wird im Hinterland Dubrovniks angebaut und ist nicht mit dem istrischen Malvazija identisch.

ROTWEINE: Das sonnenverwöhnte Dalmatien ist die Rotweinregion Kroatiens. Auch bei den Roten dominieren die autochthonen Sorten. Wichtigste Rebe ist der Plavac

Sonnengereifte Trauben in Stiniva an der Nordküste der Insel Hvar

Weinberg der Vinarija Miloš am Südhang der Halbinsel Pelješac

mali, der sowohl an der dalmatinischen Küste als auch am Festland, insbesondere aber auf der Halbinsel Pelješac angebaut wird. Der Plavac mali bringt hochwertige, kräftige und nuancenreiche Weine hervor. Typisch sind der hohe Alkoholgehalt und der Geschmack nach Beeren oder Kirschen – ähnlich wie beim kalifornischen Zinfandel. Plavac mali gibt es sowohl als einfachen Tischwein als auch als hochwertigen Qualitätswein.

Weitere autochthone Rebsorten sind Babić, Trnjak und Vranac. Die Rebe Crljenak war in Kroatien schon fast ausgestorben. Als nach der Jahrtausendwende jedoch bekannt wurde, dass sie die Originaltraube des weltberühmten Zinfandel ist, erlebt die alte Rebsorte in Dalmatien eine Renaissance und wird heute zu exzellenten Weinen gekeltert.

Der bekannteste Kalifornier ist ein Kroate

Wir alle kennen den kalifornischen Zinfandel, einen würzigen, alkoholreichen Rotwein mit einem abgerundeten, fruchtigen Geschmack nach Beeren oder Kirschen. In den USA ist Zinfandel die am meisten produzierte Weinsorte. Sie wird heute nicht mehr nur in Kalifornien, sondern auch in Arizona, New Mexico, Oregon und Texas angebaut und hat mittlerweile auch schon Südafrika und Australien erreicht.

Viele Legenden ranken sich um den Namen Zinfandel, da es in der Alten Welt keinen Zinfandel gibt. Bekannt ist lediglich, dass der Rebschulenbetreiber George Gibbs aus Long Island seit 1822 verschiedene Rebsorten aus Wien importierte und in Amerika verkaufte – unter anderem einen Zinfandel. Hatte sich da eventuell ein Habsburger Zöllner bei der Schreibweise des Frachtbriefes total verhauen? Oder hatte sich ein cleverer Auswanderer vom Mittelmeer etwas Originelles einfallen lassen?

Im Jahre 1976 fiel dem amerikanischen Pflanzenpathologen Prof. Austin Goheen von der Universität Davis während einer Italienreise eine Rebsorte auf, die in Apulien Primitivo di Gioia heißt. Er brachte sie nach Kalifornien mit, verglich sie aufgrund äußerer Kriterien mit dem Zinfandel und sprach die Vermutung aus, dass sie identisch sein könnten.

Den Beweis lieferte 1994 Carole Meredith, Professorin für Önologie an der Universität

Der Plavac mali ist eine Kreuzung aus Crljenak (alias Zinfandel) und Dobričić.

Davis. Ihr gelang es, die Übereinstimmung der Rebsorten Zinfandel und Primitivo di Gioia mittels DNA-Analyse zweifelsfrei nachzuweisen.
Vier Jahre später fand dieselbe Professorin heraus, dass der amerikanische Zinfandel mit dem kroatischen Plavac mali von der Halbinsel Pelješac zwar nicht identisch, aber eng verwandt ist. In ihren weiteren Untersuchungen ging sie der Vermutung nach, dass der Zinfandel nicht aus Italien, sondern von der östlichen Adriaküste stammen könnte. Gemeinsam mit ihren kroatischen Kollegen Ivan Pejic und Edi Maletic gelang ihr schließlich Ende 2001 der Beweis: Zinfandel ist tatsächlich mit der alten kroatischen Rebsorte Crljenak genetisch identisch. Demnach ist also Kroatien die Heimat des Zinfandel. Amerikanische und kroatische Önologen räumen jedoch ein, dass die Ururheimat der erfolgreichen Rebsorte weiter südlich im heutigen Albanien oder Griechenland liegen könnte. Die heute auf dem Pelješac am meisten angebaute Weinsorte Plavac mali ist eine Kreuzung aus den alten dalmatinischen Rotweinsorten Crljenak (alias Zinfandel) und Dobričić.

Mit dem Boot zum Winzer

Vrbnik

Die malerische alte Weinstadt an der Ostküste der Insel Krk hat einen Hafen, in dem man hinter der Mole meist einen Liegeplatz bekommt. In der Altstadt über dem Hafen befinden sich der Weinkeller und das Restaurant »Nada«, wo man hervorragende Žlahtina-Weine kaufen kann.
Tel.: 051-85 70 65, www.nada-vrbnik.hr

Žlahtina, Grappa und Brajda aus dem Weingut Nada in Vrbnik auf der Insel Krk

Am südlichen Ende des Hafens liegt der Keller der Winzergenossenschaft Vrbnik. Dort erhält man relativ preiswert einen erfrischenden Žlahtina in guter Qualität.
Achtung: Der Hafen von Vrbnik liegt am boragefährdeten Vinodolski Kanal und ist trotz der hohen Mole bei Bora nicht sicher. Bei ersten Anzeichen einer Bora sollte man den Hafen verlassen – bevor sich Seegang aufbauen kann. Insofern ist ein Ausflug mit dem eigenen Boot zur Weinstadt Vrbnik nur bei stabiler Wetterlage und ohne Vorzeichen einer Bora möglich. In diesem Seegebiet ist ein kleines, schnelles Motorboot von Vorteil, weil man damit beim Aufkommen von Bora (die sich schwer vorhersagen lässt) schnell dem Gefahrenbereich entkommen kann.
Wer ganz sicher gehen möchte, kann sich mit dem Boot in die Marina Punat im Süden der Insel Krk legen und von dort mit dem Taxi die neun Kilometer zur Weinstadt Vrbnik fahren.

Sveta Nedjelja

An der steil abfallenden und atemberaubend schönen Südküste der Insel Hvar liegt das etwas abgeschiedene Dorf Sveta

Winzer Zlatan Plenković († 2016) in seinem unterseeischen Weinkeller in Sveta Nedjelja

Winzer Ivan Miloš baut den Plavac mali in Eichenfässern zu einem Spitzenwein aus.

Nedjelja. Hier sowie an der Festlandküste hat Zlatan Plenković, einer der erfolgreichsten Winzer Kroatiens, seine Weinberge angelegt. Nahezu alle gängigen Weiß- und Rotweinsorten Dalmatiens werden angebaut.

Weil das Dorf Sveta Nedjelja bis in die jüngste Vergangenheit nur schwer erreichbar war, baute Plenković für seine Bewohner einen Hafen. Der gewitzte Unternehmer ließ einen Teil der Molen hohl bauen und lagert darin, tief unter dem Meeresspiegel, seine Weine. Auf den Molen steht das Weinrestaurant »Bilo Idro«. Zlatan Plenković starb am 17. März 2016, sein Unternehmen wird von der Familie weitergeführt. Der kleine Hafen ist im Sommer sehr beliebt, weshalb man sich besser anmelden sollte. Bei Südostwind (Jugo) kann das Ein- und Auslaufen gefährlich sein. Tel.: 021-74 57 09, www.zlatanotok.hr

Weingut Miloš

Am Südhang der Halbinsel Pelješac gibt es inzwischen etwa 40 Weingüter. Die am häufigsten angebaute Traube ist der Plavac mali. Auch der berühmte kroatische Rotwein Dingač ist ein Plavac mali, der allerdings in den Weinbergen des Ortes Dingač (Südhanglagen etwa in der Mitte des Pelješac) gedeiht und seit 1961 die geschützte Herkunftsbezeichnung Dingač tragen darf.

Plavac mali gibt es heute in den verschiedensten Facetten vom einfachen Tischwein bis hin zum ausgereiften Spitzenwein. Zu den Weingütern, die herausragende Qualitäten des Plavac mali keltern, gehört die Vinarija Miloš. Die Familie produziert seit mehreren Generationen Wein und hat sich darauf spezialisiert, den Plavac mali durch einen mehrjährigen Reifungsprozess zum Qualitätswein auszubauen. Das Ergebnis sind Spitzenweine mit ausgewogenem, aber kräftigem Geschmack, hohem Alkoholgehalt und langer Lagerfähigkeit. Sie tragen den Namen Stagnum, die lateinische Bezeichnung für die Hafenstadt Ston. Wer das Weingut Miloš besuchen möchte, macht am besten im Hafen von Ston im Südosten der Halbinsel Pelješac fest. Bootscrews werden vom Winzer abgeholt, können das etwa acht Kilometer entfernte Weingut besichtigen und die erstklassigen Weine der Familie Miloš probieren.
Tel. 098-196 52 54, www.milos.hr

Meeresfrüchteteller im Spitzenrestaurant »Fešta« auf der Insel Žut

Die Restaurants

Topweine des Weingutes Zlatan Otok aus Sveta Nedjelja auf der Insel Hvar

Gaumenfreuden

Salat aus Seespinnenbeinen? Flambierte Languste an istrischer Pasta? Fisch auf Salzbett mit Mangoldkartoffeln in Olivenöl, Seeigelgehirn mit frischer Zitrone? Schoko-Feigen-Parfait mit Weißen Trüffeln? Tintenfisch-Carpaccio mit Orangencreme? Paški Sir mit Meerfenchel?

Die Vielfalt dessen, was kreative kroatische Köche heute aus dem zaubern, was ihnen Land und Meer schenken, scheint unendlich zu sein. An der Ostküste der Adria finden Sie heute sensationell gute Restaurants, die sich auf Seafood spezialisiert haben. Weder in Hamburg noch in London oder Paris wird man vergleichbare Gourmettempel entdecken. Selbst anspruchsvolle Feinschmecker, die früher auf die Côte d'Azur oder die italienische Riviera schworen, fliegen oder segeln heute zum Essen nach Kroatien.

Süße Verführungen aus dem »Palmižana Meneghello« auf Sveti Klement

Worauf sollten Sie achten?

Wenn Sie vor dem Restaurant ankern oder an einer Boje des Lokals oder an dem Lokal selbst festmachen, erwartet der Besitzer, dass Sie bei ihm und nicht beim Nachbarn einkehren. Dafür liegen Sie üblicherweise kostenlos und zahlen nur für Strom oder Wasser (soweit vorhanden).
Liegen Sie jedoch in einem konzessionierten Bojenfeld und werden für das Liegen von einem Konzessionär, der sich als solcher ausweisen kann, abkassiert, dann erfolgt das üblicherweise unabhängig vom Restaurantbesuch. Der Konzessionär muss auch nicht zwangsläufig der Restaurantbesitzer sein.
Im Nationalpark Kornati, in dem pro Crew und Tag eine Nationalparkgebühr entrichtet werden muss, ist es bis heute ein ungeschriebenes Gesetz, dass eine Crew, deren Boot fest an der Mole eines Restaurants (Privatgrundstück) liegt, nicht abkassiert wird.

Preiswert oder teuer?

Wer in einem kroatischen Restaurant ein landestypisches Gericht wie Spaghetti oder Pizza bestellt und dazu einen durchschnittlichen Hauswein trinkt, wird nicht mehr bezahlen als in einem vergleichbaren Lokal in Deutschland oder Österreich. Deutlich anders fällt die Rechnung jedoch aus, will man Erste-Klasse-Fisch oder Hummer essen. Für den besten Fisch zahlt man heute um die 400 Kuna (circa 50 Euro) pro Kilo, für Hummer 700 Kuna (circa 90 Euro). Das ist teurer als in Berlin oder Wien, liegt aber nicht daran, dass sich die kroatischen Gastwirte ihre Taschen vollstopfen wollen, sondern dass hochwertiger Fisch aus der Adria im Sommer sehr rar, schwer erhältlich und entsprechend teuer ist.
Um keine bösen Überraschungen zu erleben, sollte man immer nach einer Speisekarte fragen. Wo es keine gibt, ist es keine Schande, sich nach dem Preis der Speisen und Getränke zu erkundigen. Die Kroaten machen das auch. Insbesondere gilt das für vom Kellner offerierte Vorspeisenteller oder andere Spezialitäten, die oft nicht auf der Karte stehen, und für den Wein. Z. B. gibt es den landestypischen Rotwein Plavac mali als jungen Tischwein in der Einliterkaraffe für kleines Geld. Erlangt ein Wein derselben Traube nach zehn Jahren im Eichenfass seine volle Reife und heißt dann zu Recht Qualitätswein, kann man für diesen auch über 100 Euro hinlegen.

Istrien

1 Novigrad: Restaurant »Marina«

Tintenfischcrumble mit Salat aus Roter Bete, Karotten, Zucchini und Rucola

Trotz zahlreicher anderer Fischgaststätten eröffnete das junge Paar Marina Gaši und Davor Buršić 2011 in Novigrad ein neues Seafood-Restaurant, das den Sprung in internationale Gourmetführer schaffte. Kreativer Kopf und fleißigste Handwerkerin in der Küche ist die schöne Marina, die auch dem Restaurant ihren Namen gab. Als Autodidaktin paart sie ihr solides Wissen um die Früchte des Meeres mit jugendlicher Experimentierfreude.

Lage und Liegeplätze

Wer im luxuriösen Hotelresort Marina Nautica festmacht, hat es nur wenige Schritte bis zum Restaurant »Marina«. Bojenliegeplätze findet man westlich der Marina bzw. nordwestlich der Altstadt. Man kann auch kostengünstig hinter dem Wellenbrecher von Novigrad anlegen, dann geht man etwa einen Kilometer zum Restaurant. Es liegt auf dem Weg zur Marina Nautica an der rechten Straßenseite.

Das »Marina« neben der Marina Novigrad ...

... bietet reichlich Plätze mit Hafenblick.

Besonderheiten

Als Fischrestaurant orientiert sich das »Marina« an der Tradition der istrischen Küstenküche, bereichert diese aber mit eigenen Kreationen wie roher Seebarsch mit schwarzem Reis und Lavendelsalz oder Tintenfischcrumble mit Salat aus Roter Bete, Möhren, Zucchini und Rucola. Es werden ausschließlich frische und am selben Tag gefangene Fische zu kulinarischen Spezialitäten veredelt. Kräuter und Gemüse kommen frisch aus regionalem Anbau. Zu den Köstlichkeiten werden hochwertige istrische und ausländische Weine sowie Olivenöle regionaler Hersteller serviert.

Inhaber Marina Gaši und Davor Buršić

Öffnungszeiten

1. Juni bis 30. September, Dienstag Ruhetag. An Wochenenden Reservierung empfohlen.

Kontakt

Marina Gaši und Davor Buršić
Sv. Antona 38
52466 Novigrad
Mobil: 099-812 12 67
E-Mail: dbursic75@gmail.com

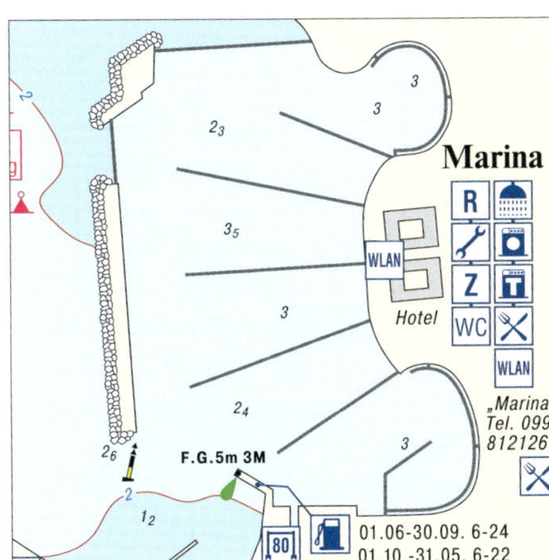

2 Novigrad: Restaurant »Damir i Ornella«

Das Restaurant mit familiärer Atmosphäre liegt etwas versteckt in der Altstadt.

Seit 1998 betreiben Damir und Ornella Beletić mit Tochter Matea in der Altstadt von Novigrad eines der außergewöhnlichsten Restaurants Kroatiens. In einer unscheinbaren alten Gasse gelegen, ist es nicht leicht zu finden. Es gibt keine Reklame oder Werbeschilder. Trotzdem kommen die Gäste aus ganz Europa – manchmal einzig und allein, um einmal in diesem Lokal zu speisen.

Zubereitung des frischen Fischs direkt am Tisch

Lage und Liegeplätze

Von den Liegeplätzen am Wellenbrecher bzw. den Bojenplätzen vor dem Strand ist man zu Fuß in wenigen Minuten in der Altstadt, wo das Restaurant »Damir i Ornella« liegt. Von der Marina Nautica

Novigrad sind es etwa 900 Meter zum Restaurant.

Besonderheiten

Im Restaurant »Damir i Ornella« kommen nur Meerestiere auf den Tisch – frisch gefangen und roh. Es gibt keine Speisekarte. Je nach Fang des Tages werden die rohen Fische, Scampis oder Tintenfische am Tisch vor den Augen des Gastes zerlegt, ausgenommen und in dünne Scheiben als Carpaccio geschnitten. Das Fleisch wird mit istrischem Olivenöl, Salz, Pfeffer und Zitrone gewürzt und dann roh verzehrt. Zum Menü, das meist aus sechs Gängen besteht, werden auch Muscheln gereicht. Jakobsmuscheln bzw. Kanestreli werden auf Wunsch gekocht. Dazu wird selbst gemachte Pasta serviert.

Inhaber Damir Beletić

Öffnungszeiten

Ganzjährig, außer jeweils 20 Tage Betriebsferien im Februar und November. Montag Ruhetag. Da das Lokal nur sieben Tische für insgesamt 28 Personen hat, sollte man sich während der Saison mindestens eine Woche vorher anmelden.

Kontakt

Damir und Ornella Beletić
Ul. Zidine 5, 52466 Novigrad
Tel.: 052-75 81 34
E-Mail: cittanova@inet.hr
www.damir-ornella.com

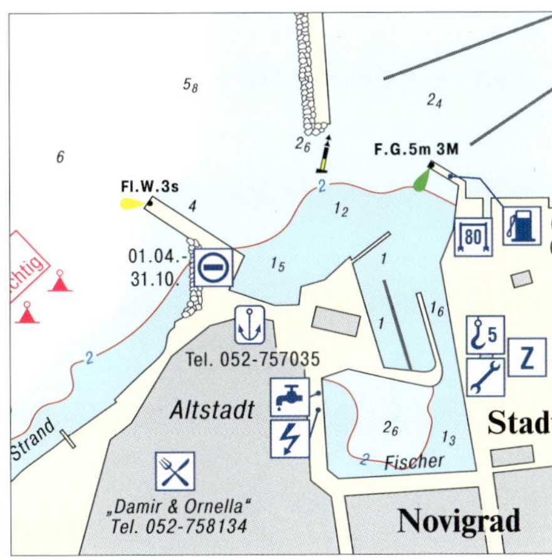

3 Poreč: Konoba »Aba«

Lena Breca serviert Risotto Aba mit Scampi und Trüffeln.

Poreč zählt zu den schönsten historischen Städten im Norden Kroatiens. Seit 2001 gibt es in einer verwinkelten Gasse in der Altstadt von Poreč die Konoba »Aba«, welche von einer sympathischen Familie, die ursprünglich aus dem Kosovo kommt, geführt wird.

Lage und Liegeplätze

Yachten legen am besten an der Stadtmole westlich der Zollmole an. Kleinere Boote finden mit Glück einen Gastplatz in der Marina Poreč. Von beiden Liegeplätzen erreicht man in wenigen Minuten die Konoba »Aba« in der Altstadt.

Das malerische Lokal in einer engen Altstadtgasse

Besonderheiten

Die Konoba »Aba« versteht sich als ein

Abendstimmung in Poreč, einer der schönsten historischen Städte Nordkroatiens

mediterranes Restaurant, in dem man Fisch, Scampis und Fleisch gern mit istrischen Trüffeln zubereitet. Der Fisch wird täglich frisch von lokalen Fischern erworben. Die Speisen werden frisch zubereitet und schmecken hervorragend. Das Ambiente der Konoba ist urig, die Besitzerfamilie ausgesprochen herzlich.

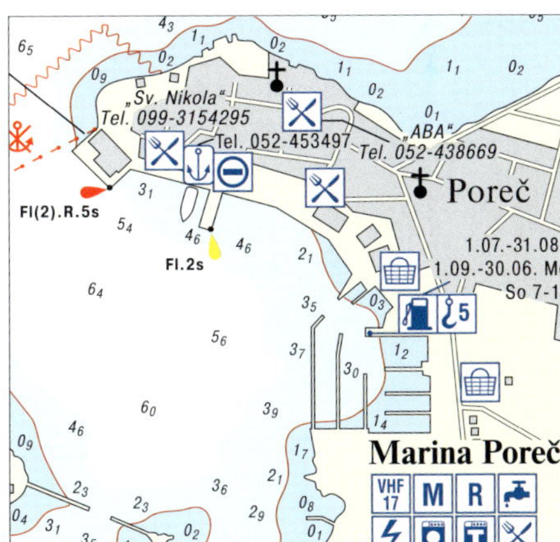

Öffnungszeiten

Ganzjährig, 12 bis 1 Uhr.

Kontakt

Alban und Astrit Breca
M. Vlačića 2
52440 Poreč
Tel.: 052-43 86 69
E-Mail: konoba_aba@hotmail.com

4 Poreč: Restaurant »Sv. Nikola«

Sehen und gesehen werden an der Promenade von Poreč

In dem alten Stadthaus auf der Hafenmole befand sich nach dem Zweiten Weltkrieg ein Stall. 2004 wurde das Gebäude mit Blick zur Insel Sv. Nikola zum Restaurant umgebaut. Der heutige Chef Nikola Bijelić kam 2007 aus Österreich zurück, wo er zwölf Jahre lang ein Restaurant geführt hatte. Er nutzte die Chance, mietete das Lokal und machte es binnen weniger Jahre zur Feinschmeckeradresse in Poreč.

Lage und Liegeplätze

Yachten legen an der Stadtmole mit dem Heck zur Pier unmittelbar vor dem Restaurant an.

Erdbeersorbet mit gerösteten Walnüssen und karamellisiertem Weißzucker

Besonderheiten

Das »Sv. Nikola« besticht durch seine Toplage mit Blick über die Hafenbucht zur Insel Sv. Nikola. Inhaber Nikola Bijelić und

Chef Nikola Bijelić (rechts im Bild) sorgt persönlich für das Wohl seiner Gäste.

sein Küchenchef offerieren feinste istrische Gaumenfreuden mit österreichischem Einschlag, z. B. hausgemachte Gnocchi mit Shrimps, Zucchini und kalt geräuchertem Schwertfisch. Die selbst gemachten Nachspeisen sind eine unwiderstehliche Verführung. Das Ambiente und die Qualität der Speisen sind hervorragend.

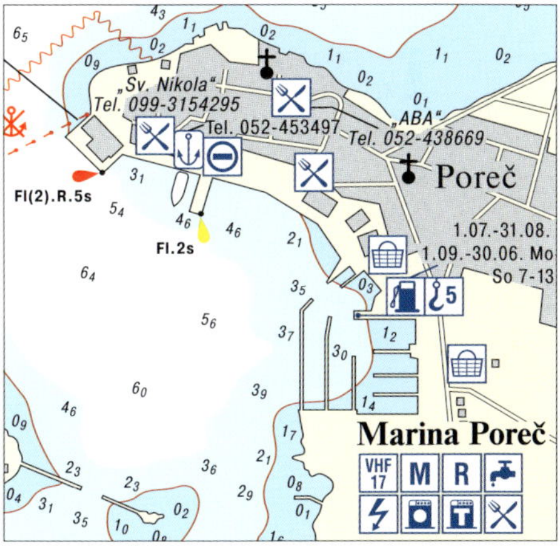

Öffnungszeiten

Ganzjährig.

Kontakt

Restaurant »Sv. Nikola«
Obala M. Tita 23
52440 Poreč
Tel.: 052-42 30 18
Mobil: 099-315 42 95
E-Mail: info@svnikola.com
www.svnikola.com

5 Rovinj: Restaurant »La Puntulina«

Speisen in exponierter Lage mit Wellenrauschen und Sonnenuntergang

Bezüglich der Lage ist »La Puntulina« eines der spektakulärsten Restaurants an der kroatischen Küste. Das Restaurant liegt auf einem Felsen am Meer, wo die Gäste jeden Abend den schönsten Sonnenuntergang von Rovinj erleben können. Es gehörte einer alten venezianischen Fischerfamilie, die vor 500 Jahren nach Rovinj zog. Der heutige Besitzer Giovanni Pellizzer tauschte das Haus auf dem Felsen mit einem anderen Venezianer, der das laute Getose des Meeres nicht mehr hören mochte. Giovanni erkannte die Chance des einzigartigen Grundstückes und eröffnete darauf im Jahr 2004 das »La Puntulina«.

Lage und Liegeplätze

Die ACI Marina wird bis 2018 umgebaut. Alternative Liegeplätze gibt es nördlich der Altstadt oder im Bojenfeld südlich der Marina. »La Puntulina« befindet sich an der Westküste der Altstadtinsel. Von den terrassenartig versetzten Tischen sieht, hört und riecht man das Meer aus allernächster Nähe.

Besonderheiten

Allein die spektakuläre Lage mit dem malerischen Sonnenuntergang über der Adria würde das Restaurant qualifizieren. Giovanni Pellizzer bietet in seinem »La Puntulina« eine gehobene maritime Küche mit italienischem und istrischem Einschlag, also viele Gerichte mit Pasta und Trüffeln. Die Qualität der Speisen und der Service sind sehr gut. Die erlesenen Weine kommen vorzugsweise aus Italien und Istrien.

Seebrasse mit Karottenpüree und selbst gemachten Nudeln im Ofen kross gebacken

Öffnungszeiten

Ganzjährig, 11 bis 24 Uhr. Wenn Sie den Sonnenuntergang erleben wollen, sollten Sie mindestens zwei Stunden vorher einen der begehrten Tische ergattern.

Kontakt

Restaurant »La Puntulina«
Sv. Križ 38
52210 Rovinj
Tel.: 052-81 31 86
E-Mail: puntulina@gmail.com
www.puntulina.eu

Das Restaurant im schönsten Abendlicht

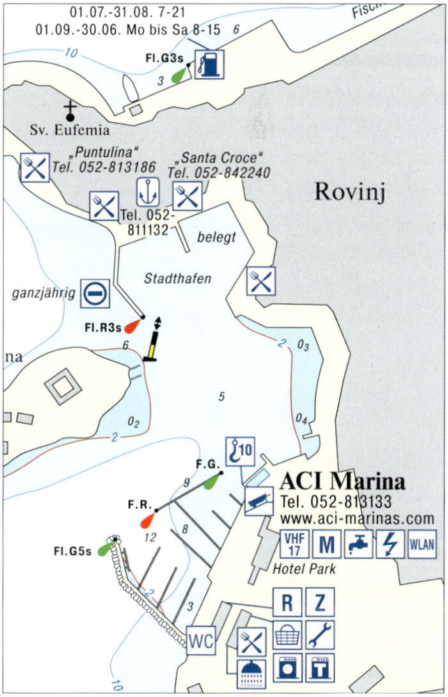

6 Rovinj: Restaurant »Santa Croce«

Marktplatztreppen als stilvolles Ambiente, links im Bild Chefin Michaela Cerin

Auf der schönen Altstadtinsel von Rovinj, wo die Gasse Sv. Križa am Meer entlang zur Barockkirche St. Euphemia führt, liegt eines der besten Lokale der Stadt. Im Juli 2004 eröffneten Michaela und Dean Cerin aus Rovinj in ihrem aufwendig renovierten Altstadthaus am Markt Sv. Barnabe das »Santa Croce«. Ihr schönes Restaurant in exponierter Lage soll die besten Traditionen der istrischen Küche weiter pflegen.

Lage und Liegeplätze

Yachten legen am besten in der ACI Marina Rovinj an. Von dort sind es zu Fuß etwa 1,5 Kilometer bis in die Altstadt. Folgen Sie der Gasse Sv. Križa am Meer entlang, bis diese sich rechter Hand zum Markt Sv. Barnabe verbreitert. An der Stirnseite des kleinen Stadtplatzes liegt das Restaurant »Santa Croce« und nimmt mit seinen 40 Plätzen den größten Teil des ehemaligen Marktes ein.

Besonderheiten

Das »Santa Croce« ist heute das kulinarische Highlight der Altstadt von Rovinj.

Im liebevoll renovierten Altstadthaus

Der Klassiker: Spaghetti mit Scampi und Meeresfrüchten

In der Küche verschmelzen alte istrische Rezepte und moderne Kochkunst zu leckeren Kreationen. Empfehlenswert sind unter anderem Thunfisch mit Sesam, Gnocchi mit Brennnesseln und Scampis sowie Pasta mit Trüffeln. Der Klassiker des Restaurants sind Spaghetti mit Meeresfrüchten – sensationell gut!

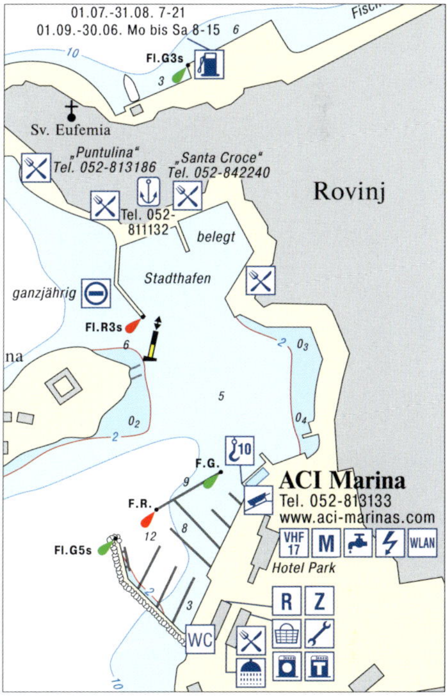

Öffnungszeiten

Täglich 12 bis 15 und 18 bis 23 Uhr. Während der Saison Reservierung empfohlen. Von Januar bis März geschlossen.

Kontakt

Restaurant »Santa Croce«
Sv. Križa 11
52210 Rovinj
Tel.: 052-84 22 40
Mobil: 091-272 72 26
E-Mail: santacroce@inet.hr
www.restoran-santacroce.hr

7 Pula, Marina Bunarina: Restaurant »Ribarska Koliba«

Rolle von Seebrasse mit dehydrierten Kartoffeln und gegrilltem Mangold

Im Jahre 2012 kaufte die junge Russin Tatiana Victorova das 100 Jahre alte Fischerhaus in der Bucht Veruda südlich von Pula. Mit viel Sinn für Geschmack baute sie es zu einem stylishen Fünf-Sterne-Resort mit Restaurant, Apartments, Pool und Wellness-Bereich um. In der Küche soll die Kochkunst der istrischen Fischer weiterleben.

Lage und Liegeplätze

Am bequemsten ist es, gleich in die südlich von Pula gelegene Bucht Veruda einzusteuern und in der am Westufer liegenden Marina Bunarina einen Liegeplatz zu nehmen. Das »Ribarska Koliba« liegt am nördlichen Ende der Marina.

Besonderheiten

Zu Zeiten der k. u. k. Monarchie wanderten Sommerfrischler zur Halbinsel Verudela, um in der Fischerhütte den »Geschmack des Meeres« zu genießen. Im heute modernen Ambiente des Restaurants »Ribarska Koliba« mit Blick über die Mastenwälder

Großes Angebot an frischen Fischen

Das »Ribarska Koliba« liegt in der Marina Bunarina.

der Bucht Veruda wird die traditionelle maritime Küche weiter gepflegt. Fisch und Muscheln werden täglich frisch angelandet und nach alten istrischen Rezepten mit mediterranen Kräutern wie Rosmarin und Mangoldgemüse zubereitet.

Betriebszeiten

Ganzjährig. Zur Saison Reservierung empfohlen.

Kontakt

Restaurant »Ribarska Koliba«
Verudela 5
52100 Pula
Tel.: 052-39 15 55
E-Mail: info@ribarskakoliba.com
www.ribarskakoliba.com

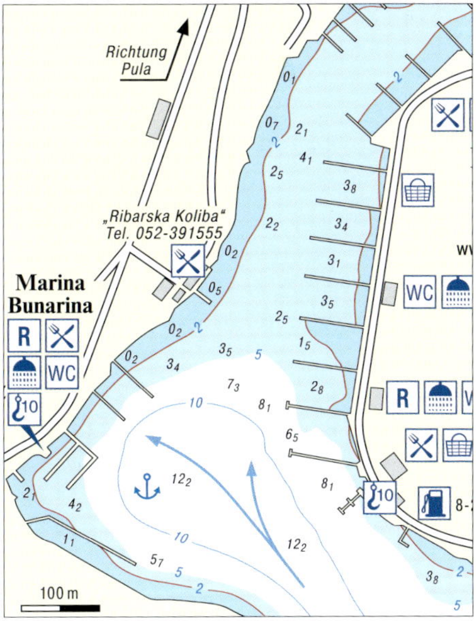

8 Pula-Veruda: Restaurant »Lanterna«

Seniorchef Aldo Peruško mit Hummer und Seespinne

Seit 1983 führen Aldo und Katica Peruško das hervorragende Fischrestaurant »Lanterna« in Pula-Veruda. Familie Peruško ist seit Generationen dem Meer verbunden. Aldos Vater war 18 Jahre lang Leuchtturmwärter, die ganze Familie wohnte sieben Jahre lang auf einem Leuchtturm. Es war selbstverständlich, sich aus dem Meer zu ernähren.

Lage und Liegeplätze

Am besten in der Marina Veruda anlegen. Vom südlichen Ende der Marina (Tankstelle) etwa 500 Meter in Richtung Südosten in den Ortsteil Veruda gehen. Das Lokal liegt in der Mitte des Ortes an einer Straßenkreuzung.

Besonderheiten

Im modern und stilvoll eingerichteten Restaurant »Lanterna« (Leuchtturm) stehen frische Fische, Hummer, Seespinnen, Tintenfische, Calamares und Muscheln ganz oben auf der Speisekarte. Die Qualität der Speisen ist exzellent, der Service sehr gut. Inzwischen ist auch Sohn Žan mit an Bord und setzt die Tradition der Familie fort.

Öffnungszeiten

Ganzjährig, außer 25. Dezember bis erste Februarwoche. 1. Oktober bis 1. Mai sonntags geschlossen.

Der Leuchtturm ist das Symbol der Familie.

Marinierter Meeraal mit Salaten aus Oktopus, Sepia und Seespinne

Kontakt

Restaurant »Lanterna«
Pješćana Uvala V/1
52100 Pula
Tel.: 052-39 70 72
E-Mail: aldo.perusko@pu.t-com.hr

9 Pula-Banjole: Konoba »Batelina«

Danilo Skoko ist Fischer und einer der besten Köche Kroatiens.

Seit 2000 gibt es das unscheinbar kleine Lokal des Fischers Danilo Skoko aus dem Dorf Banjole. Im April 2014 wurde die Konoba »Batelina« im Hilton in Zagreb zum »Besten Restaurant Kroatiens« gewählt.

Lage und Liegeplätze

Der Ortsteil Banjole liegt wenige Seemeilen südlich von Pula an der Paltana-Bucht. Mit Glück findet man einen Liegeplatz am Steg vor Banjole, sonst kann man in der Bucht ankern. Vom Anleger geht man etwa 700 Meter zur Konoba »Batelina«.

Besonderheiten

Was der Fischer Danilo Skoko morgens aus dem Meer zieht, wird abends von ihm, seiner Frau Alda und Sohn David zubereitet.

Ehefrau Alda, die wichtigste Assistentin

In der gemütlichen Konoba der Fischerfamilie gibt es nur wenige Plätze.

Es kommt nur frische Ware aus der Adria auf den Tisch. Aus dem kompletten Fang, inklusive Blaufisch, werden in einer einfachen Küche leckere Gaumenfreuden gezaubert. Die Palette reicht von Haileberpastete auf Zwiebelmarmelade über Sardinen in Weinsoße bis hin zu gegrillten Hummerschwänzen. In der kleinen Konoba gibt es nur 24 Plätze plus 40 auf der Terrasse. Platzreservierungen mindestens eine Woche vorher!

Öffnungszeiten

Montag bis Samstag 17 bis 23 Uhr. Erste drei Januarwochen Betriebsferien. In der Hochsaison im August, wenn nur noch wenig frischer Adriafisch gefangen wird (weil er in kalte Tiefen abtaucht), schließt das Lokal für circa drei Wochen. Fischer Danilo Skoko: »We work with fish, not with tourists.«

Kontakt

Konoba »Batelina«
Čimulje 25
52100 Pula-Banjole
Tel.: 052-57 37 67

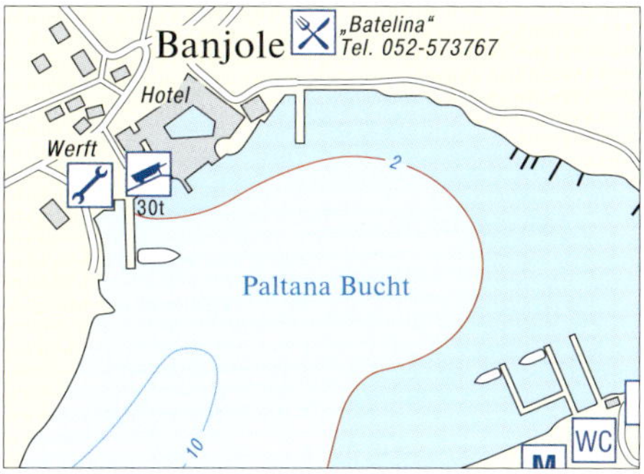

10 Trget: Konoba »Martin Pescador«

Fang des Tages: reiche Auswahl an fangfrischem Fisch aus der Adria

Seit 2004 betreibt Patrik Vlačić in seinem Haus am Hafen von Trget ein Fischlokal, das von Einheimischen wie Gästen wegen der hervorragenden Qualität der Speisen geschätzt wird. Das Lokal ist urig eingerichtet, von der Terrasse hat man einen herrlichen Blick über die Bucht.

Lage und Liegeplätze

An der Ostküste der Halbinsel Istrien segelt man in die fjordartige Bucht Zaljev Raša hinein und erreicht nach circa sechs Seemeilen am Ostufer den zu Raša gehörenden Ortsteil Trget. An der Betonmole vor der Konoba »Martin Pescador« findet man mit etwas Glück einen Liegeplatz. Alternativ kann man in der Bucht ankern.

Besonderheiten

In der Konoba »Martin Pescador« gibt es meist eine große Auswahl an Fischen, Scampis, Muscheln, Hummer, Seespinnen und anderem Meeresgetier, das tagesfrisch je nach Fang gekauft wird. Spezialitäten: Nudeln mit Scampi, Venusmuscheln und Archenmuscheln oder Tintenfischpeka mit Kartoffeln. Die Peka bitte zwei Stunden vorher bestellen.

Öffnungszeiten

Täglich 11 bis 23 Uhr. Im Januar geschlossen.

Kontakt

Konoba »Martin Pescador«
Trget 20
52223 Raša
Tel.: 052-54 49 76
Mobil: 091-957 7904
E-Mail: vlacic30@gmail.com

Auf der urigen Terrasse am Fjord Raša kann man wunderbar den Tag ausklingen lassen.

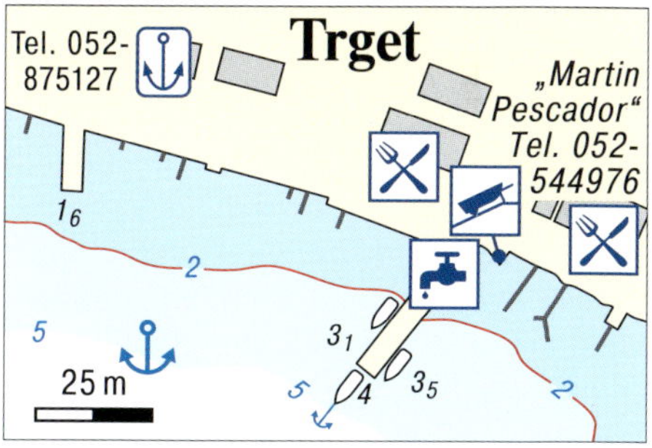

Nautische Antiquitäten, Mitbringsel von Seeleuten und Omas Haushaltsgeräte schmücken die Konoba.

11 Mošćenička Draga: Restaurant »Johnson«

Kvarner-Garnelen mit Meerfenchel, istrischer Malvazija und Blick auf die Bucht

Im Jahre 1996 übernahm Familie Jurdana das seit 1974 bestehende Restaurant mit dem etwas ungewöhnlichen Namen »Johnson«, dem Spitznamen des ehemaligen Besitzers Edo Salamon. Restaurantchef Dragan Jurdana schafft als leidenschaftlicher Fischer täglich frischen Fisch und Meeresfrüchte für die Gäste heran und Mutter Anna ist die Seele der Küche.

Der gemütliche Gastraum des »Johnson«

Lage und Liegeplätze

Das Hafenbecken von Mošćenička Draga ist belegt. Yachten können von außen an der Ost- bzw. Südostseite der Mole festmachen oder alternativ in der Bucht südwestlich des Hafens ankern.

Besonderheiten

Die Philosophie des Restaurants »Johnson« ist Einfachheit, Originalität und Natürlichkeit. Besonders wichtig ist ihnen der kurze Weg zwischen Fang und Gast. Koch Ivan Jadreškić bereitet seit 15 Jahren regional typische Produkte des Kvarner wie Muscheln, verschiedene Arten Jakobsmuscheln, Scampis aus 40 bis 60 Meter

Das Restaurant am Berghang liegt 600 Meter vom Hafen entfernt.

Meerestiefe und fangfrischen Qualitätsfisch verfeinert mit Kräutern aus dem Garten zu. Je nach Angebot des Meeres variieren Ivan und Dragan jeden Tag die Gerichte neu.

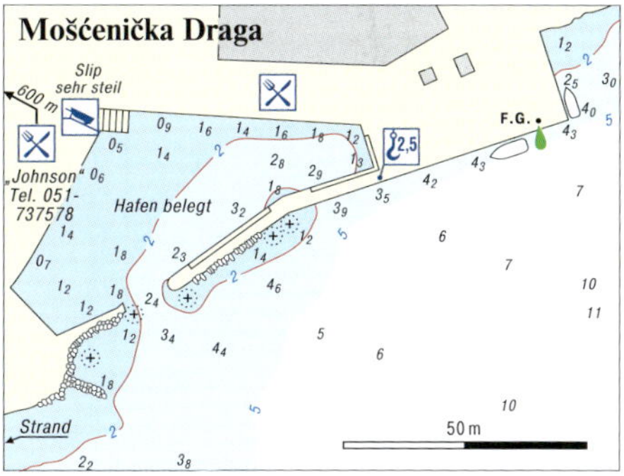

Öffnungszeiten

Mittwoch bis Montag 12 bis 23 Uhr, Reservierung empfohlen.

Kontakt

Restaurant »Johnson«
Majčevo 29 b
51417 Mošćenička Draga
Tel.: 051-73 75 78
E-Mail: info@johnson.hr
www.johnson.hr

12 Lovran: Restaurant »Draga di Lovrana«

Kaiserblick: Hier genoss schon Franz Joseph sein Dinner mit fantastischer Aussicht aufs Meer.

Das Hotel mit Restaurant wurde 1909 vom Wiener Unternehmer Anton Urm auf einem 388 Meter hohen Gebirgszug über dem Küstenort Medveja südöstlich von Lovran erbaut und beherbergte diverse aristokratische Gäste, unter anderem Kaiser Franz Joseph von Österreich-Ungarn. Schon dieser schätzte während seiner Aufenthalte Anfang des 20. Jahrhunderts den grandiosen Ausblick vom Berggipfel, auf welchem das »Draga di Lovrana« thront, über die tief unter ihm liegende blaue Adria bis nach Rijeka und zu den Inseln Krk und Cres.

1923 fiel das schöne Gebäude den Flammen zum Opfer und geriet fast 80 Jahre lang in Vergessenheit. Nach der originalgetreuen Rekonstruktion des Gebäudes feierte das »Draga di Lovrana« 2005 seine Wiedereröffnung.

Lage und Liegeplätze

Yachten können in Lovran an der Innenseite der Südmole festmachen. Mit dem Taxi gelangt man auf einer circa sieben Kilometer steil bergauf führenden Straße zum Restaurant. Bei schlechter Wetterlage legt man lieber in der ACI Marina Opatija Ičići an, von wo es circa zehn Kilometer mit dem Taxi sind.

Besonderheiten

Vier eigene Fischerboote sind die Garantie für täglich frischen Fisch und Meeresfrüchte aus der Adria. Viele Gerichte werden mit frischen Wildkräutern aus der Region zubereitet. Spezialitäten von Chefkoch Zdravko Tomšić sind selbst kreierte Gerichte wie Thunfisch im Sack vakuumgegart, serviert auf hausgemachter Mayonnaise mit Dijonsenf und japanischem Meerret-

Panoramablick auch bei schlechtem Wetter

Die einstige Kaiservilla hoch über Lovran

tich, oder süß schmeckende, eingelegte Scampis aus flachen Wassern des Kvarners kombiniert mit Skuta-Ricotta vom Berg Učka. Zum hervorragenden Essen empfiehlt der kreative Chefkoch stets die passenden Weine.

Öffnungszeiten

Montag bis Freitag 13 bis 23 Uhr, Samstag und Sonntag 12 bis 23 Uhr. Reservierung für den Abend notwendig. Betriebsferien Anfang Januar bis Mitte Februar.

Gourmetspeisen mit Meerblick: Kvarner-Scampi mit Zitronensaft mariniert auf Skuta-Ricotta vom Berg Učka sowie Thunfisch aus der Adria im Vakuum gegart mit hausgemachter Aioli-Soße und japanischem Meerrettich

Kontakt

Restaurant »Draga di Lovrana«
Lovranska Draga 1
51415 Lovran
Tel.: 051-29 41 66
E-Mail: info@dragadilovrana.hr
www.dragadilovrana.hr

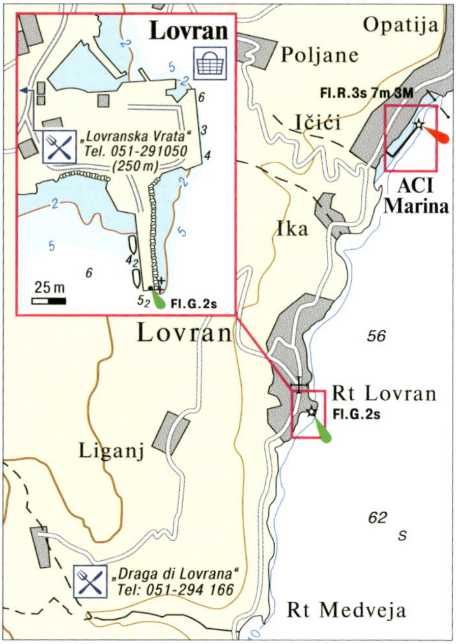

13 Lovran: Restaurant »Lovranska Vrata«

Scampi auf Reis mit grünem Wildspargel und Erdbeeren

In der Altstadt von Lovran im Zentrum des kleinen, einst befestigten mittelalterlichen Stadtkerns liegt das Restaurant »Lovranska Vrata« am zentralen Stadtplatz gegenüber der Kirche des heiligen Georg. Der Name »Lovran« leitet sich vom kroatischen Wort »ovor« (Lorbeer) ab. Lorbeeren sind sowohl im Wappen von Lovran als auch in der Umgebung des Städtchens reichlich vorhanden.

Josip Ivančić bedient gern seine Gäste

Lage und Liegeplätze

Yachten können an der Innenseite der Südmole festmachen. Nach circa 300 Meter Fußweg erreicht man das Restaurant inmitten des Altstadtkernes.

Besonderheiten

Die Spezialität des Hauses sind frischer Fisch und Meeresfrüchte aus der Kvarner Bucht, darunter Highlights wie Jakobsmuscheln oder Scampis auf Nudeln mit Erdbeeren und Wilder Spargel. Die Brüder Josip und Petar Ivančić, welche das Lokal betreiben, zeichnen sich durch Freundlichkeit, Professionalität und unermüdlich gute Laune aus.

Das Restaurant auf dem mittelalterlichen Marktplatz von Lovran

Öffnungszeiten

15. März bis 31.Oktober, 10 bis 23 Uhr. Reservierung in der Saison notwendig.

Kontakt

Restaurant »Lovranska Vrata«
Trg Sv. Juraj 94
51415 Lovran
Tel.: 051-29 10 50
Mobil: 091-537 66 10
E-Mail: josipsandra@net.hr

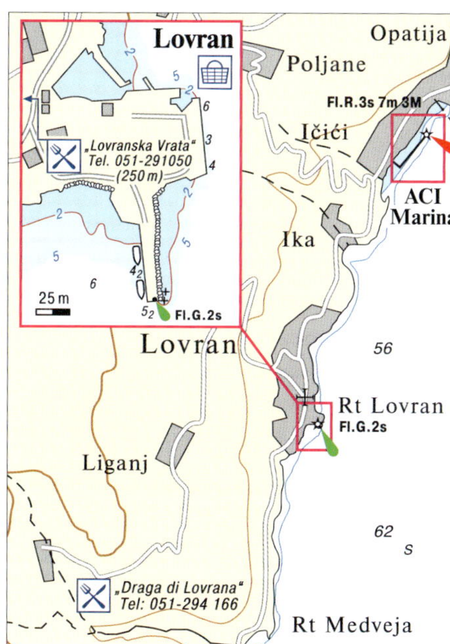

14 | Opatija Ičići: Restaurant »Villa Ariston«

In der Villa im mediterranen Stil übernachteten schon John F. Kennedy und Coco Chanel.

1908 erteilte die Wiener Baronin Hedwig von Haas-Teichen den Auftrag, auf dem dominant über dem Meer liegenden Felsen eine Villa zu errichten. In den Jahren 1915 und 1924 verlieh Carl Seidl, Architekt in Wien und Opatija, der Villa das heutige Aussehen mit mediterranem Charme. Sie liegt eingebettet in einen Park im englischen Stil, der bis zum Meer hinunterführt. Von den steinernen Terrassen, die das Haus umgeben, hat man einen herrlichen Blick durch die Palmwedel auf die tiefblaue Adria. Das Innere der Villa blieb fast unverändert. Noch heute können sich die Besucher an Gemälden niederländischer Meister aus dem 17. Jahrhundert oder einer Kopie griechischer antiker Bildhauerkunst, dem Wagenlenker von Delphi, erfreuen. Der Name »Ariston« stammt aus dem Griechischen (aristos) und bedeutet »das Beste, das Edelste«. In der Villa übernachteten schon königliche Familienmit-

Antike Steinplastiken zieren das Anwesen.

Gastplatz mit atemberaubendem Seeblick

glieder aus dem Hause Habsburg, Staatsmänner wie John F. Kennedy und Stars wie Coco Chanel.

Lage und Liegeplätze

Yachten machen in der ACI Marina Opatija Ičići fest. Die Villa hat einen direkten Zugang zur Küstenpromenade, die zwischen 1889 und 1911 erbaut und nach Kaiser Franz Joseph benannt wurde. Von der Marina zum »Ariston« sind es zu Fuß 800 Meter (Richtung Opatija).

Besonderheiten

Chefkoch Robert Benzia kombiniert Fisch, Meeresfrüchte und Fleisch mit lokalen Spezialitäten wie Kvarner-Scampi, Wilder Spargel, Lovran-Kirschen oder Esskastanien und kreiert mit Leidenschaft einen Gaumen- und Augenschmaus. Die freundliche und hilfsbereite Crew des »Ariston« verwöhnt ihre Besucher zuvorkommend in romantischem Ambiente.

Öffnungszeiten

Ganzjährig geöffnet. Reservierung empfohlen.

Kontakt

Restaurant »Villa Ariston«
M. Tita 179
51410 Opatija
Tel.: 051-27 13 79
E-Mail: info@villa-ariston.hr
www.villa-ariston.hr

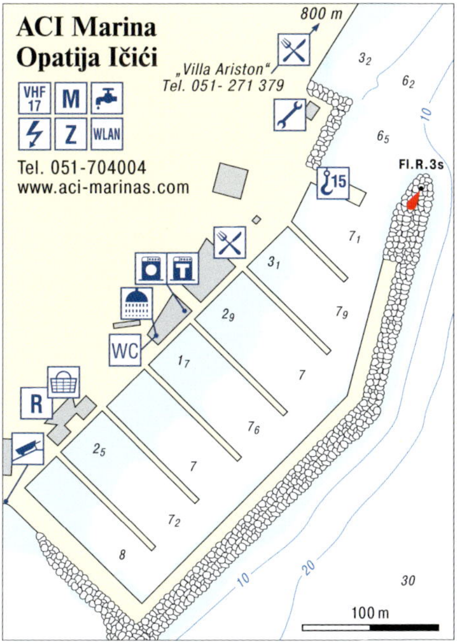

15 Opatija: Restaurant »Bevanda«

Stadthafen Opatija, im Hintergrund das Fünf-Sterne-Hotel »Bevanda«

Im Juli 2013 wurde am Altstadthafen von Opatija das Fünf-Sterne-Hotel »Bevanda« als erstes Designhotel Kroatiens eröffnet. Zum Hotel gehört ein stylishes Restaurant, welches auf den Fundamenten des 1971 gegründeten »Bevanda« steht. Das futuristische Ambiente von Restaurant und Bar ist kaum zu toppen. Die Gäste relaxen hautnah an der Adria, spüren Meer und Wind und genießen einen grandiosen Blick nach Opatija, Rijeka und zu den fernen Inseln des Kvarners. Abgerundet wird das einzigartige Ambiente durch einen vorzüglichen Service.

Lage und Liegeplätze

Da im nahen Stadthafen Opatija kaum Gastliegeplätze zu finden sind, machen Yachten am besten in der Hotel-Marina Admiral Opatija fest. Bis zum Restaurant »Bevanda« sind es entlang der schön angelegten Küstenpromenade circa 1,5 Kilometer zu Fuß.

Besonderheiten

Chefkoch Andrej Barbieri verbindet die traditionelle Küche des Kvarners mit höchster moderner Kochkunst. Er kreiert kulinarische Kunstwerke aus Fisch und Schalentieren, welche fangfrisch aus der Kvarner Bucht in die Küche gelangen. Das ausgewählte Fleisch von bester Qualität stammt aus der Umgebung. Istrische Trüffeln und Kräuter der Region verleihen seinen Kompositionen das i-Tüpfelchen. Mit fantasiereichen Desserts wie Mousse au Chocolat mit Creme von Bitterorangen, Olivenöl, Chili und Mandelkrokant

Das »Bevanda« an der Promenade von Opatija

Licht- und luftdurchflutete Lounge am Meer

verbindet er Tradition und Moderne. Im reichlich gefüllten Weinkeller lagern mehr als 650 einheimische und ausländische Qualitätsweine.
Neben dem Restaurant mit seinem hervorragenden Essen ist die im selben Gebäude befindliche Bar am Meer mit ihrem futuristischen Interieur ein beliebter Platz für ein geselliges Beisammensein bis tief in die Nacht.

Öffnungszeiten

Ganzjährig, 12 bis 24 Uhr. Reservierung empfohlen.

Tatar aus Adria-Thunfisch mit istrischem Malvazija vom Weingut Kabola

Kontakt

Restaurant »Bevanda«
Zert 8
51410 Opatija
Tel.: 051-49 38 88
E-Mail: reservations@bevanda.hr
www.bevanda.hr

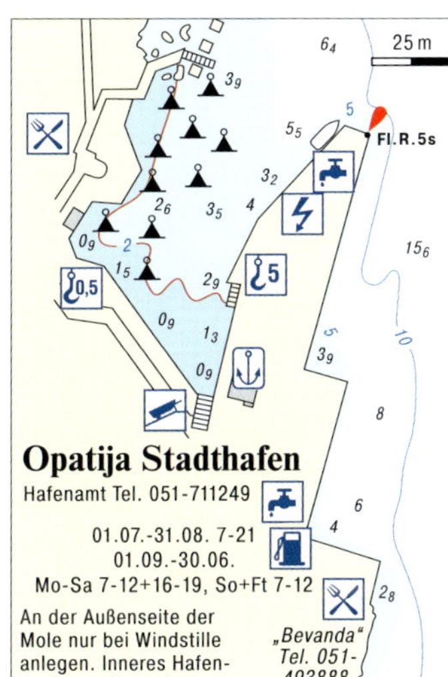

16 Volosko: Restaurant »Plavi Podrum«

Scampi und Shrimps auf hausgemachten Nudeln mit Pfirsich und Trüffeln

Der »Blaue Keller« (Plavi Podrum) am Hafen Volosko ist eines der ältesten Restaurants in Opatija. Seit 1995 führt Daniela Kramarić als mehrfache Preisträgerin »Sommelière des Jahres« sowie weiterer internationaler Auszeichnungen, unter anderem »Five Star Diamond Award of American Academy of Hospility«, das »Plavi Podrum« mit Liebe zum Detail. Das Restaurant besticht durch seine Toplage direkt am Mandrać Volosko (kleiner Fischerhafen mit bunten Holzbooten) und stets anregendem Meeresduft.

Das Lokal am Mandrać von Volosko

Lage und Liegeplätze

Mit etwas Glück erhält man einen Gastliegeplatz an der Nordmole von Volosko. Die Crew erreicht in wenigen Schritten entlang der Promenade in Richtung Opatija das Restaurant.

Besonderheiten

In Fortführung der über hundertjährigen Gastronomiegeschichte Istriens mit authentischen Speisen kreiert der Küchenchef moderne kulinarische Gaumenkitzel in Anlehnung an die Jahreszeiten. Spezialitäten sind unter anderem lauwarme Shrimps mit Spargel und Pinienkernen

Blick vom malerischen Fischerhafen auf das Restaurant an der Promenade

auf gegrilltem Quark von der Insel Pag oder hausgemachte Nudeln mit Scampis, Shrimps, Pfirsichen und istrischen Trüffeln. Mehrere hochwertige Sorten einheimischen Olivenöls und hausgemachtes Brot lassen das mediterrane Flair auf der Zunge spüren. Über 250 Qualitätsweine, individuelle Beratung sowie aufmerksamer und freundlicher Service runden den Genuss ab.

Öffnungszeiten

Ganzjährig, 12 bis 24 Uhr. Freitags und samstags Reservierung empfohlen.

Kontakt

Restaurant »Plavi Podrum«
Supilova obala 12
51410 Opatija-Volosko
Tel.: 051-70 12 23
E-Mail: dkramari@inet.hr
www.plavipodrum.com

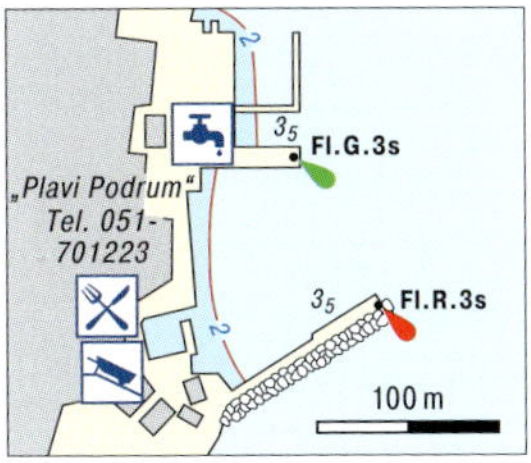

Kvarner

17 Insel Krk, Punat: Restaurant »Kanajt«

Das Hotel mit Restaurant liegt idyllisch am Hang über der Marina Punat.

Die Ansiedlung Kanajt wurde 1419 erstmals urkundlich erwähnt. Ursprünglich waren Haus und Hof unter anderem bischöfliche Residenz, landwirtschaftliches Gut, Weingarten und Erholungsstätte. Im Jahr 1982 erwarb die Marina Punat Grundstück und Gebäude und eröffnete 1988 das Restaurant »Kanajt«. Der Name »Kanajt« leitet sich vom lateinischen Wort »Cannetum« ab und bedeutet »Schilf«, was ein Hinweis darauf ist, dass früher dort Schilf wuchs oder angebaut wurde. Heute ist das Gebäude umgeben von alten Olivenhainen.

Lage und Liegeplätze

Yachtcrews können die Gastliegeplätze der Marina Punat nutzen. Vom Ausgang der Marina sind es circa 500 Meter zu Fuß zum Restaurant. Wem dies zu weit ist, kann sich mit dem Elektroauto der Marina chauffieren lassen. Chartergäste der Marina Punat bekommen zehn Prozent Rabatt im Restaurant »Kanajt«.

Besonderheiten

Das »Kanajt« bietet traditionelle Küche der Insel Krk. Spezialitäten des Hauses sind Gerichte aus der Peka oder dem Kes-

Blick durch den Mastenwald am Chartersteg der Marina Punat zum Restaurant »Kanajt«

Chefkoch Mario Banić pflegt die überlieferte Kochkunst der Insel Krk. Lammpeka bereitet er traditionell in der »schwarzen Küche« zu.

sel. Hierfür verarbeitet Chefkoch Mario Banić Lamm- und Kalbfleisch aus der Region oder fangfrischen Fisch oder Oktopus aus dem Kvarner. Ob Skipperplatte (kalte Fischplatte), Scampicocktail oder selbst gemachte Fischpastete – die mediterrane Würze verleiht Chefkoch Mario Banić allen Speisen mit Kräutern aus dem hauseigenen Garten. Genießen kann man dies alles bei einem einzigartigen Blick auf die Bucht von Punat und die Marina.

Öffnungszeiten

Ganzjährig, 12 bis 24 Uhr. Reservierung erwünscht.

Kontakt

Marina Punat d.o.o.
Kanajt 5
51521 Punat
Tel.: 051-65 43 40
E-Mail: info@kanajt.hr
www.kanajt.hr

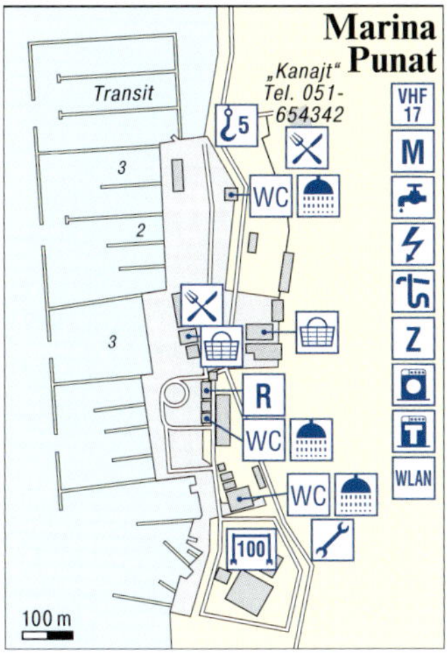

18 Insel Krk, Vrbnik: Restaurant »Nada«

Hoch über dem Hafen Vrbnik thront die gleichnamige Weinstadt.

Das »Nada« thront malerisch in 50 Meter Höhe auf dem Felsen über dem Hafen Vrbnik. »Mit Mama Nada fing alles an«, so Inhaber Željko Juranić. »Meine Schwiegereltern hatten keinen Sohn für die Weiterführung ihrer seit Generationen betriebenen Metzgerei. Sie bauten diese um und eröffneten 1974 die Taverna ›Nada‹.« Dort fanden alle Familienmitglieder Arbeit, Željkos Schwiegereltern in der Küche. Die Taverna expandierte im Laufe der Zeit zu einem mehrfach ausgezeichneten Restaurant mit professionellen Köchen von der Insel Krk. Mama Nada hat aber immer noch ein Auge auf die Küche und für das Wohlergehen der Gäste.

Lage und Liegeplätze

Yachten können im Hafen Vrbnik direkt unterhalb des Restaurants festmachen. Zu Fuß geht es dann einige Stufen bergauf. Bei Bora bietet der Hafen keinen Schutz. Als sicherer Liegeplatz ist dann die Marina Punat zu empfehlen; von dort sind es mit dem Taxi circa zehn Kilometer bis zum »Nada«.

Besonderheiten

Das »Nada« bietet mediterrane Küche mit fangfrischen Meeresspezialitäten aus dem Velebit-Kanal, z. B. Seebarsch in Salz, Meeresfrüchtesalat, Seeteufel in Žlahtina-Weinsoße oder Scampi-Risotto. Auch Lammfleisch, selbst gemachter Schafskäse und Boraschinken von der Insel Krk wird von den Köchen Jerko, Vedran und Ive zu Leckerbissen verwandelt. Gemüse und Kräuter stammen aus eigenem Garten. Sohn Ivan hat als Sommelier immer die passende Weinempfehlung. Im eigenen

Željko Juranić lässt seinen Sekt in Flaschen auf dem Meeresgrund reifen.

Keller werden die Qualitätsweine Žlahtina und Brajdica sowie Prosecco, Sekt, Grappa und Feigenschnaps produziert. Ob in der urigen Taverna, im Restaurant oder auf der Terrasse mit Blick auf den pittoresken Hafen und den Velebit-Kanal – jeder Besuch wird zum kulinarischen Erlebnis.

Öffnungszeiten

15. März bis 1. November, 11 bis 24 Uhr und nach Vereinbarung. Reservierung empfohlen.

Restaurant »Nada« über dem Hafen von Vrbnik

Kontakt

Restaurant »Nada«
Glavača 22, 51516 Vrbnik
Tel.: 051-85 70 65
E-Mail: nada@ri.t-com.hr
www.nada-vrbnik.hr

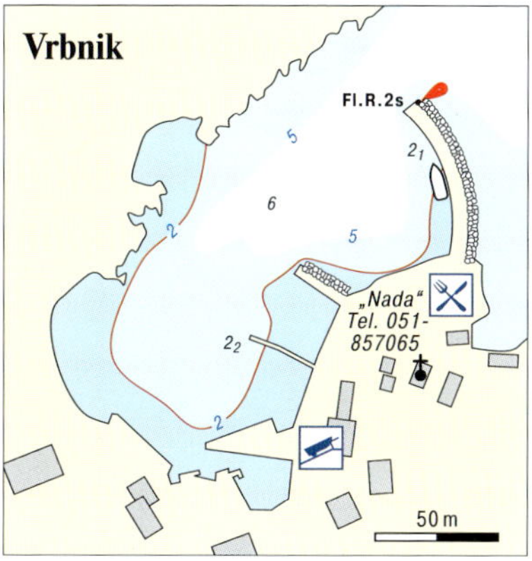

19 Insel Krk, Malinska: Restaurant »Mulino«

Pršut, Oliven, Oktopus, Thunfisch-Carpaccio, Käse mit Walnuss, Garnelen an Zucchini

Das vom Hotel Malin betriebene und im Jahr 2012 komplett renovierte »Mulino« liegt direkt am Meer. Es liegt in lauschiger Atmosphäre, umgeben vom Duft der Adria, von Olivenbäumen, Agaven und Oleander. Hier kann man sowohl bei Sonnenschein als auch bei Kerzenlicht und Sternenhimmel entspannen. Mit kulinarischen Highlights wie Käsefesten oder Fischerabenden mit Musik lässt die sympathische Crew des »Mulino« mediterrane Sommernächte zu einem unvergesslichen Erlebnis werden.

Gastliegeplätze im Porto Mulino

Lage und Liegeplätze

Boote legen im hauseigenen Hafen Porto Mulino an. Von dort fällt die Crew buchstäblich ins »Mulino«.

Besonderheiten

Die Philosophie des »Mulino« ist das Schlagen einer kulinarischen Brücke zwischen Meer und karstiger Inselerde. Meeresfrüchte und Lammfleisch von der Insel Krk,

Das »Mulino« zeichnet ein modernes Ambiente direkt am Meer aus.

zubereitet mit frischem Gemüse aus heimischem Anbau, stehen an erster Stelle. Einheimisches Olivenöl und wilde Kräuter aus der Region geben den Gerichten ihren unverkennbaren Geschmack. Eine Spezialität des Hauses ist das traditionelle Nudelgericht Šurlice. Dabei werden die Nudeln auf althergebracht Weise von Hand um eine Stricknadel geformt und mit Lammgulasch oder Meeresfrüchten serviert. Empfehlenswert ist auch der hausgemachte Feigenschnaps.

Öffnungszeiten

Ganzjährig, 11 bis 23 Uhr. Reservierung empfohlen.

Kontakt

Restaurant »Mulino«
Kralja Tomislava 23
51511 Malinska
Tel.: 051-85 02 34
E-Mail: fb@hotelmalin.com
www.facebook.com/RestoranMulino
www.hotelmalin.com

20 Insel Rab, Barbat: Restaurant »Aco«

Lauschige Restaurantterrasse unter Schatten spendendem Grün

Wenige Schritte vom Tisch zum Anleger

Das »Aco« liegt wenige Schritte vom Meer entfernt in der Bucht Grci am Barbatski Kanal. Insellegende Aco Grce, ein Fischer mit Leib und Seele, gründete 1950 den Fischereibetrieb mit kleiner Konoba. Im Jahr 1990 übernahmen Hobbyfischer und Schwiegersohn Darko Dedić und Frau Marica das Ruder und ließen sich auf Reisen entlang der Mittelmeerküste zu neuen Rezepten inspirieren. Zusammen mit Sohn Marin steuerten sie das »Aco« an die Spitze der kroatischen Fischrestaurants.

Lage und Liegeplätze

Yachten legen am hauseigenen Steg des Restaurants »Aco« an.

Besonderheiten

Die Küche des »Aco« offeriert Fisch und Meeresfrüchte aus eigenem Fang und von

Eine traditionelle Peka sollte möglichst einen Tag vorher bestellt werden.

lokalen Fischern. Das Lamm- und Ziegenfleisch liefern Bauern der Region. Salbei, Thymian, Lavendel und Rosmarin von der Insel Rab sowie lokales Olivenöl geben den Speisen das unverwechselbare Aroma. Die Crew des »Aco« verleiht traditionellen Inselgerichten durch Verfeinerung mit eigenen Rezepturen ihre Raffinesse. Leckerbissen sind unter anderem rohe Scampi mariniert in Zitronensaft, Garnelen in Salbeihonig, gegrillte Jakobsmuscheln mit Mandeln, Krabben in Pfirsich oder Spaghetti mit Wodka und Kaviar. Mit einem Gläschen vom selbst gekelterten Wein und dem freundlichen Service wird jeder Besuch zum kulinarischen Erlebnis.

Öffnungszeiten

1. April bis 15. November, 11 bis 23 Uhr. Reservierung empfohlen.

Kontakt

Restaurant » Aco«
Barbat 458
51280 Rab
Tel.: 051-72 15 27
E-Mail: info@aco-rab.hr
www.aco-rab.hr

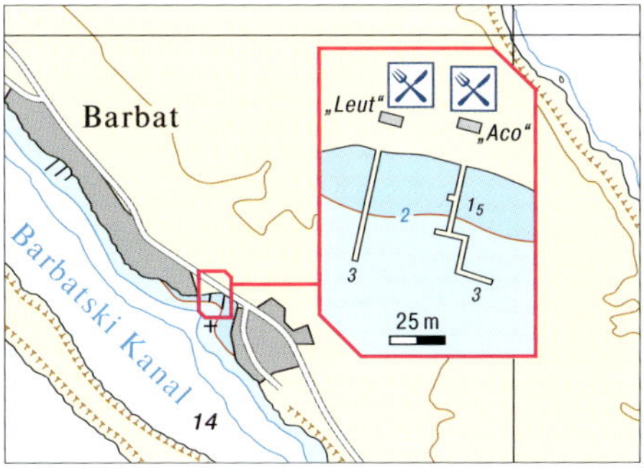

21 Insel Rab, Barbat: Restaurant »Leut«

Gäste können mit dem Boot am restauranteigenen Steg anlegen.

Das »Leut« liegt wenige Schritte vom Barbatski Kanal entfernt in der Bucht Grci. Seit 1982 betreibt Familie Jureša das Lokal, das zu den besten Restaurants der Insel zählt. Vater Ljubo und Sohn Franjo bewirtschaften seit 2008 wieder den drei Kilometer weiter südlich gelegenen Weinberg Pudarica am Südostufer des Barbatski Kanals. Zum Familienweinberg gehören eine unterirdische Kelteranlage sowie ein rustikaler Weinkeller. Die dort produzierten Rotweine Merlot und Plavac mali tragen zu Ehren von Franjos Opa den Beinamen Kagić. 2010 wurde der Merlot Kagić in Kroatien mit einer Goldmedaille ausgezeichnet.

Franjo Jureša im Weinberg Pudarica

Lage und Liegeplätze

Yachten legen am hauseigenen Steg des Restaurants »Leut« an.

Besonderheiten

Im »Leut« werden authentische Köstlichkeiten der Insel Rab aufgetischt. Frisches

Immer eine gute Wahl: Spaghetti mit Meeresfrüchten nach altem Familienrezept

Obst und Gemüse aus biologischem Anbau, Fisch und Meeresfrüchte von lokalen Fischern, Nüsse, Samen, Lammfleisch und Olivenöl von der Insel sind die wichtigsten Zutaten. Gewürze und Kräuter stammen aus dem eigenen Garten der Familie Jureša. Fischeintopf nach Großvaters Art, Lammspieß, Tintenfisch- und Muschelsalat oder Krapfen und andere hausgemachte Kuchen zählen zu den Spezialitäten. Fischmenüs variieren je nach Tagesfang. Juniorchef Franjo verwöhnt seine Gäste gern mit Charme, Witz und Wein.

Öffnungszeiten

Mitte März bis 31. Oktober, 8 bis 15 und 18 bis 24 Uhr. Reservierung empfohlen.

Kontakt

Restaurant »Leut«
Barbat 421, 51280 Rab
Tel.: 051-72 10 74
E-Mail: leut@leut-rab.com
www.leut-rab.com

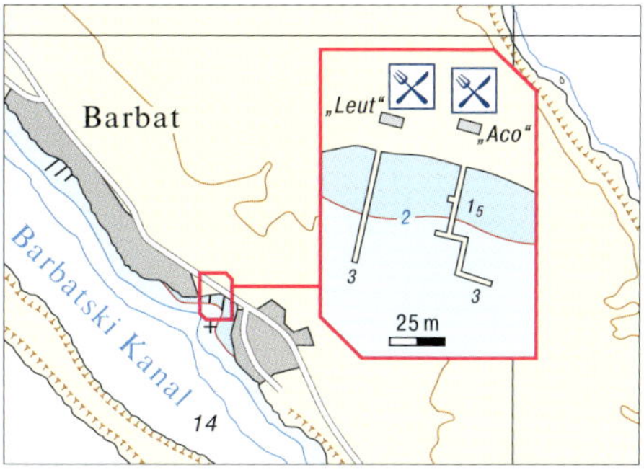

22 Insel Cres, Valun: Gostionica »Na Moru«

Genießen mit allen Sinnen: Meeresfrüchteteller am Meer

»Na Moru« heißt »am Meer« und das Lokal liegt nicht nur am, sondern auch auf dem Meer, denn die Terrasse wird von der glasklaren, türkisfarbenen und nach Salz duftenden Adria umspült. »Na Moru« ist das älteste Restaurant in Valun und liegt am besten Platz des malerischen Ortes. 1909 von Familie Krivičić gegründet, übernahmen es Sohn Giordano und seine Frau Karmen. Inzwischen sind deren Kinder Martina und Ivan Krivičić mit an Bord. Das Restaurant genießt bereits in der dritten Generation einen hervorragenden Ruf.

Lage und Liegeplätze

Yachten legen an der Außenpier des kleinen Fischerhafens von Valun an. Bei Bora sollten die Crews in der ACI Marina Cres festmachen und circa 14 Kilometer mit dem Taxi zum »Na Moru« fahren.

Besonderheiten

Die Küche des »Na Moru« bietet mediterrane Gerichte nach alten Inselrezepten. Juniorchef Ivan grillt den frischen Fang aus dem Kvarner, welchen er traditionell mit einem in Olivenöl getauchten Rosmarinzweig betupft. Martina serviert stets zuvorkommend und mit einem Lächeln. Ob gemischte Fischplatte, Teufelsfisch, Drachenkopf oder Lammfleisch von Cres – hier wird alles zur Gaumenfreude. Verfeinert werden die Gerichte mit Kräutern und Gewürzen von der Insel sowie mit einem perfekten Service. Die freundliche Crew gibt den Gästen das Gefühl,

Die Terrasse des »Na Moru«: Dichter am Meer kann man nicht schlemmen.

mehr als willkommen zu sein. Bei Sorbet und Pinienschnaps und mit Blick auf den Sonnenuntergang über dem verträumten Valun klingt der Tag perfekt aus.

Öffnungszeiten

Ostern bis 30. September, 11 bis 23 Uhr. Reservierung empfohlen.

Blick auf das alte Valun, einst Filmkulisse

Kontakt

Gostionica »Na Moru«
Valun 65
51557 Cres
Tel.: 051-52 50 56
E-Mail: namoru.giordano@gmail.com

23 Insel Cres, Osor: Taverne »Bonifačić«

Am Kanal von Osor: frischer Fang für leckere Fischgerichte

Das »Bonifačić« liegt in der antiken Stadt Osor an der Landenge zwischen den Inseln Cres und Lošinj. Osor war die zweitgrößte römische Stadt an der Ostküste der Adria und ist heute eine einzigartige kulturhistorische Freilichtgalerie. Unweit der Himmelfahrtskathedrale aus dem 15. Jahrhundert und den Resten des ehemaligen Bischofspalastes eröffnete Maris Spajić im Jahr 1999 ihre Taverne auf der alten Stadtmauer. Inzwischen unterstützen ihre Töchter das Familienunternehmen, Ana Spajić betreibt das »Bonifačić« und Tochter Ariana Spajić Spasojević die nur zwei Minuten entfernt liegende Pizzeria »Orfej«.

Der liebevoll eingerichtete Gastraum

Lage und Liegeplätze

Yachten liegen am sichersten an der Steganlage südöstlich vom Kanal. Bis zum »Bonifačić« an der nordwestlichen Kanaleinfahrt sind es zu Fuß circa 450 Meter.

Besonderheiten

Das »Bonifačić« bietet traditionelle einheimische Küstenküche. Köchin Kristina

Paradiesische Gartenterrasse an der alten Stadtmauer über dem Kanal von Osor

Škoda verarbeitet vor allem Fisch und Meeresfrüchte von einheimischen Fischern und Lammfleisch von der Insel mit Olivenöl sowie Kräutern und Gewürzen aus dem eigenen Garten. Mit viel Herz und fachlichem Können zaubert sie unter anderem Insellamm als Eintopf, Gulasch oder am Spieß, dazu selbst gemachte Knödel oder grünen Spargel. Besondere Gaumenfreuden sind ihre Fischplatten, Garnelen auf Mangold oder die Risottopfanne mit Scampi. Auf der Terrasse über der See sitzen die Gäste in einem duftenden Blumenmeer.

Öffnungszeiten

15. März bis 15. Oktober, 10 bis 23 Uhr. Reservierung empfohlen.

Kontakt

Taverne »Bonifačić«
Osor 64
51554 Nerezine
Tel.: 051-23 74 13
E-Mail: anaspajic85@gmail.com
www.jazon.hr

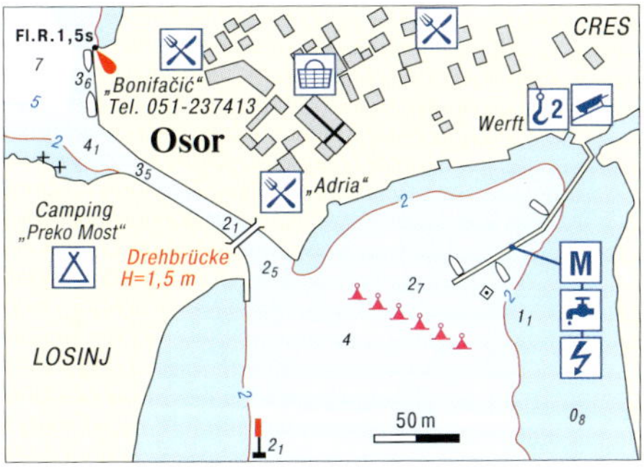

24 Insel Lošinj, Nerezine: Restaurant »Televrin«

Farbenprächtige Verführung am Hafen von Nerezine

Das »Televrin« liegt direkt im idyllischen Stadthafen von Nerezine. 1910 im österreichisch-ungarischen Stil erbaut, wurde es zuerst als Rathaus und später als Hafenamt genutzt. Nach dem Zweiten Weltkrieg wurde es von verschiedenen Pächtern als Restaurant geführt und stand Ende der 1990er-Jahre leer. 2003 restaurierten die neuen Eigentümer Martina und Karl-Heinz Pütz sowie Martin Stankowski und Ferdinand Zorovic das repräsentative Haus und eröffneten darin ein Hotel mit Restaurant. Namenspatron ist der höchste Berg der Insel Lošinj. Das »Televrin« präsentiert sich als Haus der »Düfte und Geschmäcker von Lošinj«.

Lage und Liegeplätze

Yachten machen im Stadthafen von Nerezine fest.

Besonderheiten

Das Restaurant bietet ursprüngliche Inselküche mit Fischspezialitäten aus dem Kvarner und Lammfleisch von Lošinj, die mit wild wachsenden Kräutern sowie Gemüse und Salaten aus eigenem Garten zubereitet werden. Der junge, fröhliche Chefkoch Joseph kreiert neben kulinarischen Fischplatten unter anderem Fischsuppen mit Rosmarin, gefüllte Calamari, Thunfischsteak mit Sesam und Safranrisotto oder Ratatouillegemüse mit Salsa. Sehr erfrischend sind die köstlichen Getränke aus

Österreichisch-ungarischer Charme: Hotel und Restaurant »Televrin« am Stadthafen

heimischen Früchten, das Zitronensorbet oder Schokoladenmarquise mit Eis. Das freundliche Team des »Televrin« verwöhnt seine Gäste in familiärer Atmosphäre gern auch mit einem Drink an der Bar, auf der Loggia sowie auf der Sonnen- oder Hafenterrasse.

Öffnungszeiten

Mitte Februar bis 7. Januar des Folgejahres, täglich 10 bis 23 Uhr. Reservierung empfohlen.

Kontakt

Restaurant »Televrin«
Obala nerezinskih pomoraca 21
51554 Nerezine
Tel.: 051-23 71 21
E-Mail: televrin@ri.t-com.hr
www.televrin.com

25 Insel Lošinj, Artatore: Restaurant »Eki«

Das von Familien gern besuchte Restaurant liegt in der Waldsiedlung Artatore.

Das »Eki« liegt im kleinen Ort Artatore circa acht Kilometer nördlich von Mali Lošinj. Das Lokal wurde 1981 von Familie Crafts im Zentrum von Mali Lošinj gegründet und wird seit 1991 von Željko Gadža und seiner Frau Fulvia Lettich in Artatore betrieben. Im familienfreundlich geführten »Eki« sind Kinder besonders herzlich willkommen.

Hier sind Kinder herzlich willkommen.

Lage und Liegeplätze

Yachten ankern im nordöstlichen Teil der Bucht Artaturi. Mit dem Dingi geht es zur Promenade von Artatore. Zu Fuß sind es dann noch circa 350 Meter bis zum »Eki«.

Besonderheiten

Das »Eki« bietet Spezialitäten der Insel. Saisonaler Fisch und Meeresfrüchte sowie Lammfleisch von Lošinj werden auf Herd, Grill oder unter der Tonglocke zubereitet. Kräuter, Gewürze und einheimisches Gemüse verfeinern die Gaumenfreuden. Spezialitäten sind Lammeintopf mit

Fisch oder Fleisch? Chefkoch Željko Gadža veredelt alles zu einer leckeren Peka.

Kartoffelgnocchi, Haifisch in Salbeisoße, im Ofen gebackener Fisch mit Polenta oder mit selbst gemachter Marmelade gefüllte Ravioli. Eigene Liköre und Schnäpse runden das Mahl in dem von Pinien und Heilpflanzen umgebenen »Eki« ab.

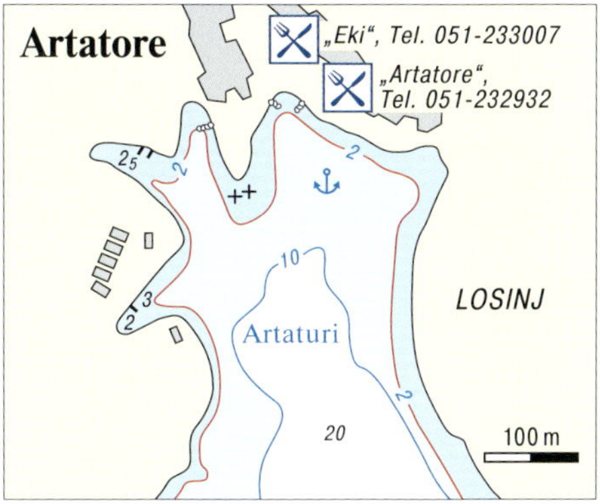

Öffnungszeiten

Ganzjährig, 10 bis 24 Uhr. Reservierung empfohlen.

Kontakt

Restaurant »Eki«
Artatore 107
51564 Mali Lošinj
Tel.: 051-23 30 07
E-Mail: restoran@eki.hr
www.eki.hr

26 Insel Lošinj, Artatore: Restaurant »Artatore«

Vom Ankerplatz zum Restaurant ist es nur eine kurze Dingi-Reise.

Herz und Seele der Küche: Janja Zabavnik

Das »Artatore« liegt circa 50 Meter von der Adria entfernt in einem Kiefernwäldchen des Ortes Artatore, in der Bucht Artaturi. Das Restaurant ist auch bekannt unter dem Namen »Janja« – dem Vornamen der Küchenchefin und Inhaberin Janja Zabavnik. Seit 1972 betreibt sie mit ihrem Mann Marjan das »Artatore«. In den Anfangsjahren half Janjas Mutter im Hintergrund. Inzwischen sind die Kinder mit an Bord. Sie verstärken den Service, unter anderem berät Tochter Marijana die Gäste als Sommelière und Sohn Ivica sorgt mit eigenem Boot für fangfrischen Fisch.

Lage und Liegeplätze

Yachten ankern im Nordosten der Bucht Artaturi. Das Beiboot kann an der kleinen Mole vor dem »Artatore« festmachen.

Besonderheiten

Das »Artatore« hat sich auf die traditionelle Küche der Insel spezialisiert. Küchen-

Insellamm aus dem Steinofen mit Palatschinken, gefüllt mit Spargel und Skuta-Käse

chefin Janja Zabavnik kocht mit großer Leidenschaft und Professionalität und zählt zu den besten Köchen Kroatiens. Ihre Philosophie ist es, ausschließlich Gerichte aus frischen Zutaten zu kreieren. Für den unverwechselbaren Inselgeschmack sorgen lokales Olivenöl, Heilpflanzen, Kräuter, Gemüse und Früchte aus dem eigenen Garten. Zu den Spezialitäten zählen Scampi gekocht in Wein und Olivenöl, Hummer mit Spaghetti, Fisch aus dem Steinofen, Lammpeka, mit Skuta-Käse gefüllte Pfannkuchen sowie Schokoladentorte mit Feigen. Dazu wird frisches selbst gebackenes Brot gereicht. Walnuss- oder Feigenlikör aus eigener Herstellung runden die Gaumenfreuden ab. Freundlichkeit und Service sind hervorragend. Von der Terrasse haben die Gäste einen tollen Blick über die Bucht bis hin zu den Inseln Ilovik und Premuda.

Öffnungszeiten

1. März bis 15. November, 10 bis 24 Uhr.
Reservierung empfohlen.

Kontakt

Restaurant »Artatore«
Artatore 132
51550 Mali Lošinj
Tel.: 051-23 29 32
E-Mail: info@restaurant-artatore.hr
www.restaurant-artatore.hr

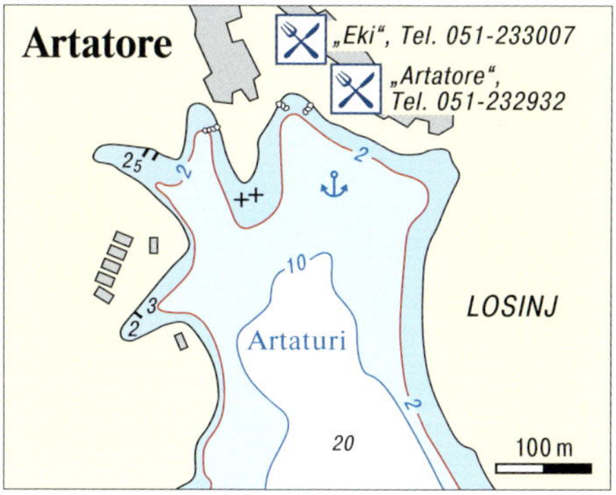

27 Insel Lošinj, Mali Lošinj: Restaurant »Baracuda«

Der frischer Fang aus dem Kvarner gelangt auf direktem Weg ins »Baracuda«.

Das »Baracuda« liegt an der Südpromenade des Stadthafens von Mali Lošinj und damit nur wenige Schritte von den Yachtliegeplätzen entfernt. Chef Drago Rančić betreibt sein Restaurant mit jungen, kreativen Köchen und einer charmanten, freundlichen Crew.

Lage und Liegeplätze

Yachten machen im Stadthafen von Mali Lošinj fest. Mit etwas Glück liegt das Schiff direkt vor dem »Baracuda«.

Besonderheiten

Das »Baracuda« serviert vor allem fangfrischen Fisch und Meeresfrüchte von lokalen Fischern aus dem Kvarner. Auf der Karte stehen auch landestypische Fleischgerichte. Nach alten Rezepten werden Olivenöl von der Insel Ugljan, lokale Kräuter, Gewürze, Gemüse und Obst fantasievoll eingesetzt. Die Kochkunstwerke werden mit Charme und Humor serviert. Spezialitäten sind Meeresfrüchte-Carpaccio, Oktopussalat mit Ackerbohnen und Fenchel, Thunfisch mit Meerfenchel und Olivenöl,

Auch für Naschkätzchen ist gesorgt.

Von den Schwimmstegen im Stadthafen Mali Lošinj sind es nur wenige Schritte zum »Baracuda«.

Minestrone mit Kvarner-Calamari, Marinade mit Kvarner-Scampi oder süß gebackene Mandeln mit Orangenschale. Genießen Sie den einzigartigen Blick auf den Hafen und das Stadtpanorama mit der Pfarrkirche Maria Geburt bei einem Glas Wein von der Insel Susak.

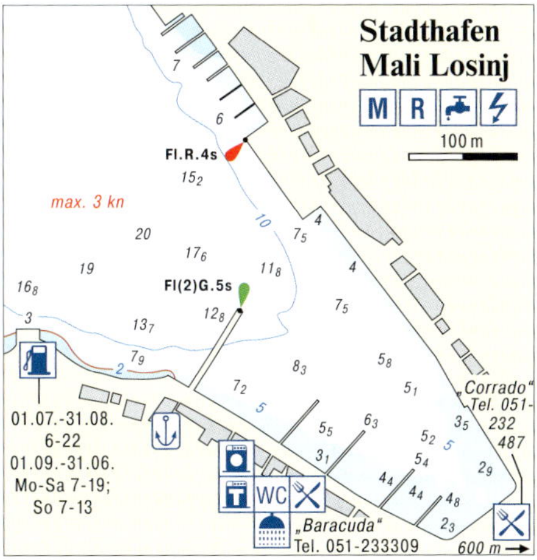

Öffnungszeiten

1. März bis 31.Oktober, 10 bis 23 Uhr. In der Saison Reservierung empfohlen.

Kontakt

Restaurant »Baracuda«
Priko 31
51550 Mali Lošinj
Tel.: 051-23 33 09
E-Mail: drago.rancic@ri.t-com.hr

28 | Insel Lošinj, Mali Lošinj: Restaurant »Corrado«

Fröhliche und kreative Seele des Hauses: »Corrado«-Chefin Katica Morin

Das »Corrado« liegt auf einer Anhöhe zwischen dem Stadthafen Mali Lošinj und der Bucht Baldarke. Marica und Korado Morin, beide stammten aus einer Bootsbaufamilie, gründeten 1983 das Restaurant und benannten es nach dem Chef. Sohn Igor fischte als Kind leidenschaftlich gern und half in der Küche. Als gelernter Hotelfachmann kam er zurück nach Lošinj, um die Eltern zu unterstützen. Nunmehr selbst Küchenchef, übernahm er mit seiner Frau Katica, die mit Freude die Gäste bedient, im Jahre 2002 das Ruder des »Corrado«.

Lage und Liegeplätze

Yachten machen im Stadthafen von Mali Lošinj fest bzw. ankern in der Bucht Baldarka südöstlich des Stadtzentrums. Vom Hafen geht es circa 600 Meter die Hauptstraße Vidulića hinauf. Auf dem Gipfel führt links die Gasse Svete Marije zum Restaurant. Von der Bucht Baldarka sind es zu Fuß ebenfalls circa 600 Meter zum »Corrado«.

Besonderheiten

Im »Corrado« gelangen nur fangfrischer Fisch und Schalentiere aus dem Kvarner auf den Teller. Dafür fährt Fischer Igor täglich aufs Meer hinaus. Zuchtfisch wird im »Corrado« nicht zubereitet. Weitere Zutaten in der Küche sind unter anderem Insellamm, lokale Kräuter sowie Olivenöl, Obst und Gemüse aus heimischem Bioanbau. Küchenchef Igor hält nichts von vorbereiteten Speisen; bei ihm wird erst gekocht, wenn die Gäste bestellt haben. Spezialitäten sind Carpaccio von Zahnbrasse mit Rucola und slawonischen Cranberrys (eine

Zahnbrasse auf mediterrane Art im Sack gegart mit Rucolakartoffeln in Olivenöl

Kreation von Katica), Salate aus Oktopus und Seekrebs, Seeteufel in Spargelsoße, Zahnbrassen-Medaillons auf mediterrane Art, Tintenfisch mit Grünkohl oder Lammgulasch. Bei einem von über 100 Weinen, serviert von der charmanten Crew, lässt sich der Tagestörn im urigen Ambiente des Lokals oder im lauschigen Garten angenehm ausklingen.

Öffnungszeiten

Ostern bis 15. Oktober, 11 bis 14 und 17 bis 24 Uhr. In der Saison Reservierung empfohlen.

Kontakt

Restaurant »Corrado«
Svete Marije 1
51550 Mali Lošinj

Tel.: 051-23 24 87
Mobil: 099-679 62 26
E-Mail: korado.morin@ri.t-com.hr

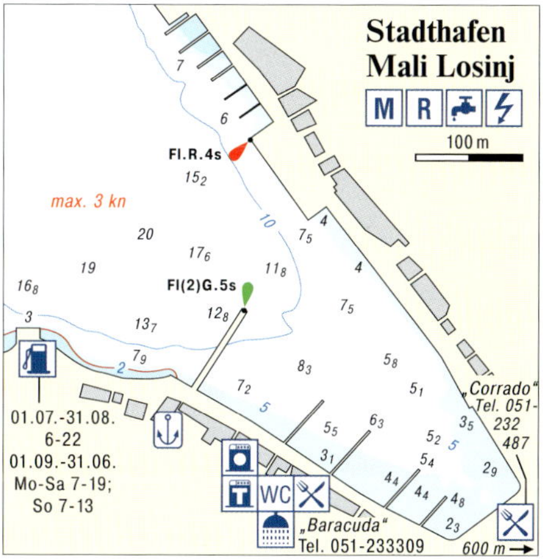

29 | Insel Lošinj, Veli Lošinj: Gostionica »Marina«

Die Schönheit von Veli Lošinj wusste schon das Habsburger Königshaus zu schätzen.

Das »Marina« liegt auf der Pier des pittoresken Hafens von Veli Lošinj. Seit 1969 pflegt Familie Vidas die Tradition der Inselküche. Im Herzen des historischen Ortes sorgen Chef Vlado und Sohn Mate mit qualifizierten Köchen und freundlichem Service für das Wohlergehen der bis zu 150 Gäste.

Lage und Liegeplätze

Kleinere Boote können direkt vor dem Gostionica »Marina« festmachen, Yachten legen gegenüber an der Ostpier an. Von dort geht man in wenigen Schritten um den Mandrać zum »Marina«.

Besonderheiten

Das »Marina« bietet traditionelle, authentische Inselküche. Fisch aus der Adria, Insellamm, Wild-, Rind- und Geflügelfleisch von Lošinj dominieren die Speisekarte. Aromatische Zutaten wie Olivenöl, Kräuter, saisonales Obst und Gemüse aus heimischem Anbau dürfen nicht fehlen. Spezialitäten sind Krabben- und Tintenfischsalat,

Das »Marina« vis-à-vis der Kirche Sv. Antun

Üppige Vielfalt: Spaghetti mit Hummer und Meeresfrüchten

Fischplatten, Spaghetti mit Hummer und Meeresfrüchten, Jakobsmuscheln, Fisch in Salzkruste oder Garnelenrisotto. Die Crew des »Marina« verwöhnt seine Gäste gern mit einem kroatischen Wein im einzigartigen Hafenambiente von Veli Lošinj mit Blick auf die malerische Stadt und die dominante Kirche des heiligen Anton.

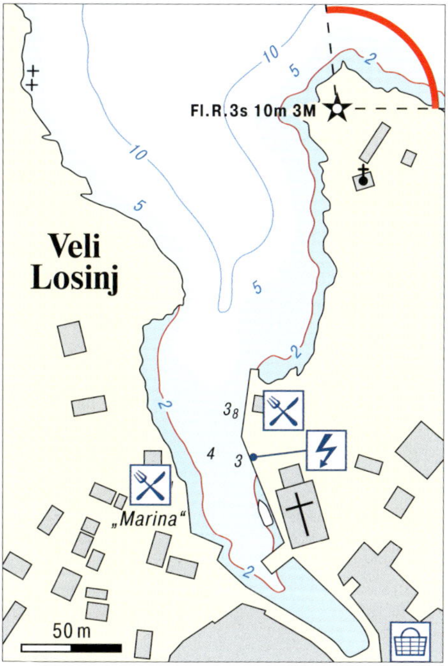

Öffnungszeiten

21. März bis 30. Oktober, 9 bis 24 Uhr. In der Saison Reservierung empfohlen.

Kontakt

Gostionica »Marina«
Obala Marsala Tita 38
51551 Veli Lošinj
Tel.: 051-23 61 78
E-Mail: info@gostionica-marina.hr
www.gostionica-marina.hr

30 Insel Lošinj, Rovenska: Trattoria »Bora Bar«

Hafen Rovenska mit der »Bora Bar« in der Mitte

Die »Bora Bar« im zauberhaften Fischerhafen von Rovenska gilt als Topadresse für Trüffelgenießer. Küchenchef Marco Sasso stammt aus der Toskana und ist Koch mit Leib und Seele. Als Trüffelliebhaber kochte er in italienischen Restaurants in den USA und handelte mit Edelpilzen. In New Jersey eröffnete er 1998 sein Trüffelrestaurant »Tartuferia«, das zur Gourmetadresse avancierte. Im Jahr 2002 reiste er an die Adria, verliebte sich in den Kvarner und in die Kroatin Maja. In Rovenska fanden Maja Balenović und Marco Sasso ihr Paradies. Seit 2006 kreiert Marco hier exzellente Trüffelgerichte, die längst über die Insel Lošinj hinaus bekannt sind.

Trüffelscheiben: kostbare Gaumenfreuden

Lage und Liegeplätze

Yachten machen an der Nordmole des Hafens Rovenska fest. Die »Bora Bar« liegt gleich nebenan.

Besonderheiten

In der »Bora Bar« zaubert Marco Sasso nach altem Familienrezept italienische Pasta. Auf Wunsch gibt es auch glutenfreie Pasta. Fangfrischer, saisonaler Fisch, Meeresfrüchte, Insellamm sowie Obst und Gemüse kommen aus dem Kvarner. Die

Meister der Pasta und Trüffeln: Küchenchef Marco Sasso

Kräuter stammen vom Inselberg Sv. Ivan. Spezialitäten des Meisterkochs sind Tintenfisch-Carpaccio, Spaghetti mit Zucchini und Meeräscherogen, Tagliata Toscana, Thunfisch-Prosciutto mit Selleriewurzeln oder Pasta mit Wildschweinragout. Wichtigste Zutat nahezu aller Gerichte sind istrische Trüffeln. Selbst das hausgemachte Pannacotta wird mit nach Trüffeln schmeckendem Honig serviert. Der Chefkoch empfiehlt, die selbst gemachten Liköre Limuncello und Kremoncello aus Biozitronen von Veli Lošinj zu probieren.

Öffnungszeiten

Ostern bis letztes Septemberwochenende, 10 bis 23 Uhr. Reservierung empfohlen.

Kontakt

Konoba »Bora Bar«
Rovenska 3
51551 Veli Lošinj
Tel.: 051-86 75 44
E-Mail: balenovicmaja@gmail.com
www.borabar.net

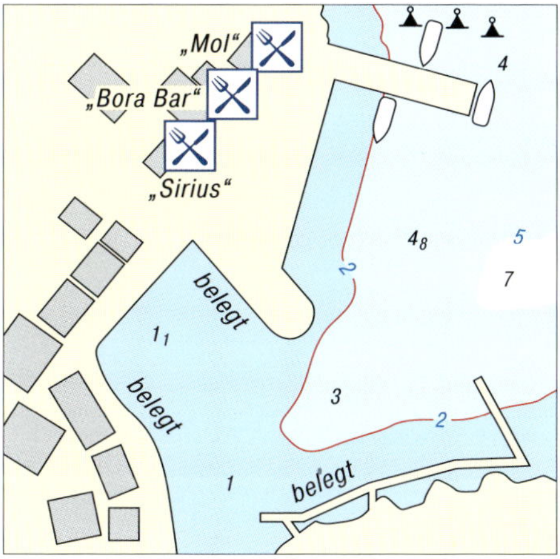

31 Insel Lošinj, Rovenska: Restaurant »Mol«

Anlegen am Restauranttisch: das »Mol« auf der Mole von Rovenska

Das »Mol« liegt im idyllischen Hafen Rovenska mit seinen typischen alten Fischerhäuschen. In einem dieser Häuser stand früher die Ölmühle der Familie Dajić. Weil Familie Dajić die alte Mühle nicht mehr nutzen wollte, bauten Maria und Boro Dajić das Haus zum Restaurant um und eröffneten 1993 das »Mol«. Namensgeber des Lokals ist die Hafenmole, die buchstäblich ins »Mol« führt.

Gastliegeplätze an der Nordmole

Lage und Liegeplätze

Yachten machen an der Nordmole des kleinen Hafens fest. Mit einem Schritt vom Schiff ist man quasi schon im Restaurant.

Besonderheiten

Das »Mol« bietet traditionelle Inselküche. Für fangfrischen Fisch und Meeresfrüchte aus dem Kvarner sorgen täglich einheimische Fischer. Lamm- und anderes Fleisch liefern Inselbauern. Die professionellen Köche des »Mol« verfeinern die Speisen mit hauseigenem Olivenöl und Inselkräutern. Obst und Gemüse stammen von umliegenden Farmen. Spezia-

Gemischte Fischplatte mit Scampi und Sepia an Mangoldkartoffeln

litäten des »Mol« sind Seespinnen- und Tintenfischsalat, Thunfisch-Carpaccio auf Rucola, Spaghetti mit Garnelen, gekochte Muscheln in Weißweinsoße mit Knoblauch und Petersilie, im Ofen gebackener Fisch auf Kartoffeln und Gemüse sowie Lammpeka. Fragen Sie bei der freundlichen Crew nach Palatschinken in Weinschaumsoße und genießen Sie das Dessert auf der vom Meer umspülten Mole im traumhaften Ambiente des Hafens von Rovenska.

Öffnungszeiten

15. März bis 31. Oktober, 9 bis 24 Uhr. In der Saison Reservierung empfohlen.

Kontakt

Restaurant »Mol«
Rovenska 1
51551 Veli Lošinj
Tel.: 051-23 60 08
E-Mail: dajic.mol@ri.t-com.hr

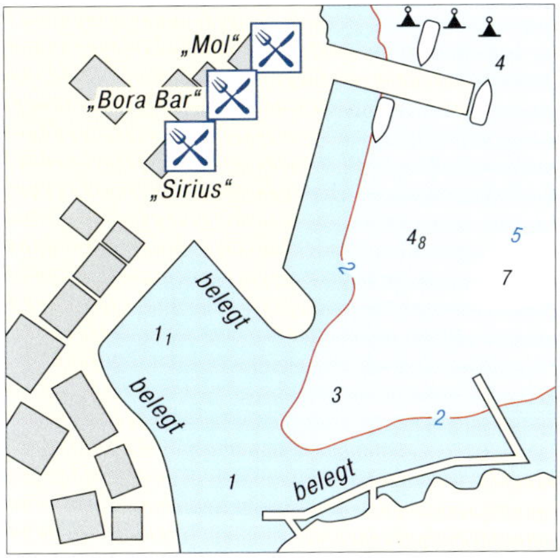

32 Insel Ilovik: Gasthaus »Amico«

Gasthaus »Amico« mit Blick zum Bootsliegeplatz an der Mole

Das Gasthaus »Amico« liegt an der Hafenmole der Blumeninsel Ilovik, unmittelbar am Kanal zwischen den Inseln Ilovik und Sv. Petar. Die lange gastronomische Tradition des Hauses reicht bis ins Jahr 1898 zurück. Der erste Eigentümer Mate Budinić betrieb zum Gasthaus noch eine Metzgerei. Seit 1980 verwöhnt die sympathische Elza Stojšić ihre Gäste mit mediterranen Köstlichkeiten, und seit 2010 steuert Sohn Željko Stojšić das »Amico« nun schon in der vierten Generation auf kulinarischem Kurs.

Lage und Liegeplätze

Yachten machen an der Südseite der Hafenmole von Ilovik oder an einer Boje im Kanal fest. Von der Mole sind es wenige Schritte zum Gasthaus, vom Bojenfeld muss die Crew mit dem Beiboot oder Transferservice zur Terrasse des »Amico« übersetzen.

Besonderheiten

Das »Amico« pflegt die traditionelle Inselküche nach alten Familienrezepten. Angeboten werden fangfrischer Fisch und Meeresfrüchte aus der Ilovička Vrata sowie Gemüse und Olivenöl aus dem heimischen Archipel. Inselkräuter geben den Speisen das unverwechselbare Aroma. Spezialitäten der Küche sind Fisch aus dem Backofen, Oktopussalat, gratinierte Jakobsmuscheln, Fischeintopf, gegrillter Fisch sowie Omas Pfannkuchen mit Feigen- oder Orangenmarmelade. Bei der freundlichen Crew des »Amico« fühlt man sich schnell wie zu Hause. Wenn abends die Ausflugsdampfer abgelegt haben und wieder Ruhe eingekehrt ist, kann man von

Das »Amico« liegt im Herzen Iloviks, umgeben von der tiefblauen Adria.

der Terrasse des »Amico« den Blick auf den Kanal und die Ruine des Benediktinerklosters auf Sv. Petar besonders gut genießen.

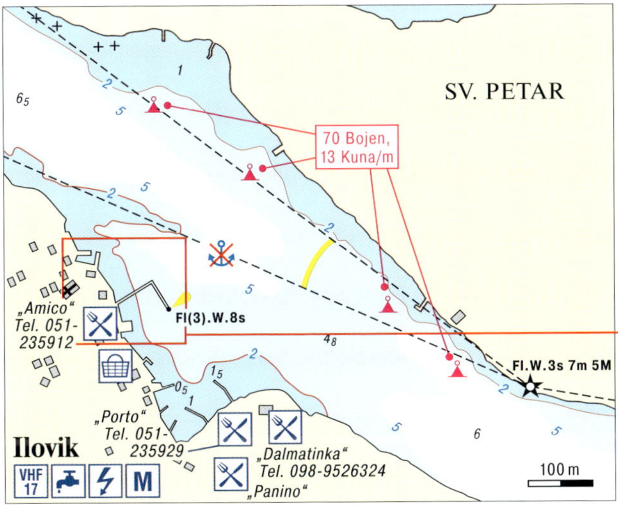

Öffnungszeiten

1. April bis 31. Oktober, 9 bis 24 Uhr. Reservierung empfohlen.

Kontakt

Gasthaus »Amico«
Ilovik 29, 51552 Ilovik
Tel.: 051-23 59 12
Mobil: 098-962 87 14
E-Mail: amico.ilovik@gmail.com

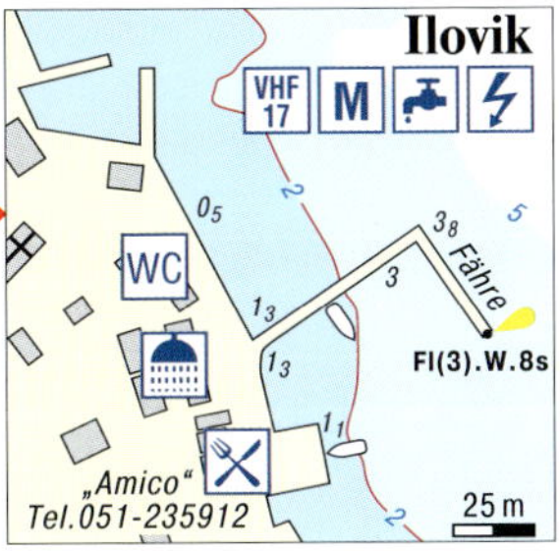

33 Insel Ilovik: Restaurant »Porto«

Fisch, Hummer, Sepia – »Porto«-Chef Senadin Mašić zwischen seinen Köchen

Das Restaurant »Porto« liegt in der Bucht am südlichen Ufer des Ortes Ilovik. Seit 1997 betreibt der charmante Senadin Mašić sein uriges Restaurant auf der einzigartigen Blumeninsel. Diesen Beinamen trägt das Eiland, da es sich im Frühjahr in einem bunten Blütenmeer präsentiert.

Lage und Liegeplätze

Kleinere Boote können am Steg des »Porto« anlegen. Yachten machen an einer der Bojen im Kanal fest. Vom Bojenfeld geht es per Beiboot oder Transferservice zum Steg des »Porto«.

Besonderheiten

Das »Porto« bietet traditionelle bosnische und kroatische Küche. Fisch und Meeresfrüchte gelangen fangfrisch vom eigenen Boot auf den Grill oder in den Topf und werden mit heimischem Olivenöl und Kräutern aus dem Inselgarten verfeinert. Lammfleisch kommt von Ilovik, Obst und Gemüse aus umliegenden Gärten. Spezialitäten sind Bosnischer Eintopf und gefüllte Paprika, Fisch aus dem Backofen oder vom Grill, Großgarnelen vom Grill und Lammpeka.

Familien oder Gruppen sollten vorab anrufen. Dann erhalten sie vom Chef Senadin nicht nur den besten Platz am Wasser, sondern auch einen Spezialpreis mit bis zu zehn Prozent Rabatt auf Speisen und Getränke. Mit Blick auf Hafen und Ilovačka Vrata lässt sich der Sonnenuntergang bei einem erlesenen Wein hervorragend genießen.

Öffnungszeiten

1. April bis 31. Oktober, 9 bis 24 Uhr. Reservierung empfohlen.

Fisch erster Klasse aus dem Kvarner, dazu Spitzenwein Postup Potomje vom Pelješac

Kontakt

Restaurant »Porto«
Ilovik bb
51552 Ilovik

Tel.: 051-23 59 29
E-Mail: info@restaurantporto.com
www.restaurantporto.com

Blumeninsel Ilovik

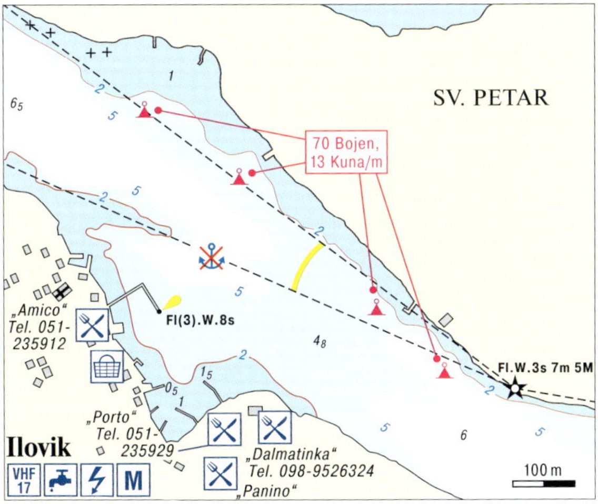

34 Insel Ilovik: Restaurant »Dalmatinka«

Sundowner im »Dalmatinka«: Vom Boot zum Restaurant ist es nur ein Schritt.

Das »Dalmatinka« liegt im Südosten der Siedlung Ilovik am Kanal zwischen den Inseln Ilovik und Sv. Petar. Seit 1996 betreibt der Fischer Fides Trkulja das »Dalmatinka« in einem einmaligen Ambiente zwischen grünen Pinien und klarem Adriawasser.

Lage und Liegeplätze

Kleine Boote können am Ufer vor dem »Dalmatinka« festmachen, Yachten legen sich an eine der Bojen im Kanal. Vom Bojenfeld geht es per Beiboot zum »Dalmatinka«.

Besonderheiten

Das »Dalmatinka« hat sich auf dalmatinische Fisch- und Fleischgerichte spezialisiert. Fangfrischer Fisch und Schalentiere kommen direkt vom eigenen Boot auf den Grill oder in den Ofen. Inselkräuter, Gewürze und Olivenöl sorgen für den dalmatinischen Geschmack. Fleisch und Gemüse stammen aus Ilovik oder Lošinj. Spezialitäten sind Seespinnen- und Tintenfischsalat, adriatisches Haifischfilet in Weißweinsoße, Buzara, gratinierte Jakobsmuscheln, mit Scampi gefüllter Tintenfisch, grüne Nudeln mit Garnelen oder Hummer. Genießen Sie das einmalige Ambiente mit dem fantastischen Blick auf den Kanal und die Ruine des Benediktinerklosters.

Öffnungszeiten

1. April bis 31. Oktober, 9 bis 23 Uhr. Reservierung empfohlen.

Spezialität des Hauses: leckerer Salat aus Seespinnenbeinen

Kontakt

Restaurant »Dalmatinka«
Ilovik 60 c
51552 Ilovik

Tel.: 098-952 63 24
E-Mail: stojan.trkulja@gmail.com
www.restoran-dalmatinka.com

Mittagsblumen am Anleger

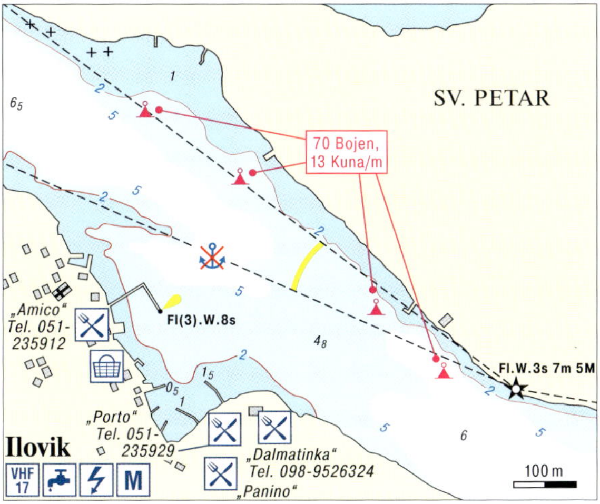

Norddalmatien: Dugi Otok

35 Insel Dugi Otok, Verunić: Restaurant »Gorgonia«

Das Gorgonia liegt unweit des betonnten Fahrwassers zur Bucht Čuna.

Das Restaurant »Gorgonia« liegt ganz im Norden der Insel Dugi Otok, im Dorf Verunić an der Bucht Čuna. Die Gäste sitzen auf einer von Palmen beschatteten Terrasse mit Blick auf das Wasser.

Inhaber Gianni Tonc kannte dieses herrliche Fleckchen Erde schon aus seiner Kindheit. Als er seiner schweizerischen Frau Miriam Girotto später das abgeschiedene Paradies zeigte, verliebte auch sie sich in den Ort, und die beiden eröffneten hier 1999 eine Pension. Miriam und Gianni gingen oft fischen und grillten abends für die Gäste aus ganz Europa. Als Freunde und Gäste sie baten, doch jeden Abend ein leckeres Essen zuzubereiten, vergrößerten sie Terrasse und Grill und eröffneten im Jahr 2012 das »Gorgonia«.

Lage und Liegeplätze

Kleinere Boote können an der Mole des »Gorgonia« anlegen; die Wassertiefe beträgt am Kopf ca. 1,5 m. Alternativ kann man im gebührenpflichtigen Bojenfeld in der Bucht Čuna festmachen. Das betonnte Fahrwasser zur Bucht Čuna ist zwar 2,0 bis 2,5 m tief, jedoch gibt es am südöstlichen Ende des Fahrwassers eine Untiefe (ca. 1,8 m). Yachten mit größerem Tiefgang machen in der Marina Veli Rat fest und fahren mit dem Dingi zum ca. 500 m entfernten »Gorgonia«.

Besonderheiten

Miriam und Gianni Girotto-Tonc pflegen die mediterrane Küche aus Großmutters Zeiten weiter. Der Fang des Tages oder Fleisch und Gemüse von der Insel werden vor den Augen der Gäste auf dem Holzkohlegrill zubereitet. Eine Spezialität ist die Peka mit Fleisch oder Tintenfisch. Da das Essen unter der gusseisernen Glocke mehrere Stunden schmoren muss, sollte die Peka mindestens einen halben Tag vorher bestellt werden.
Hinter dem Restaurant befindet sich ein eigener Laden, in dem es täglich frisches Brot, Obst und Gemüse sowie landestypische Weine und Spezialitäten gibt.

Schlemmen mit Seeblick.

Öffnungszeiten

Ostern bis 15. Oktober von 12 bis 23:30 Uhr. Reservierung empfohlen.

Kontakt

Restaurant »Gorgonia«
Familie Girotto-Tonc
23287 Veli Rat – Verunic, Dugi Otok
Tel.: 091-73 79 823
E-mail: gorgonia@zadar.net
www.gorgonia.hr

Grillmeister Željko.

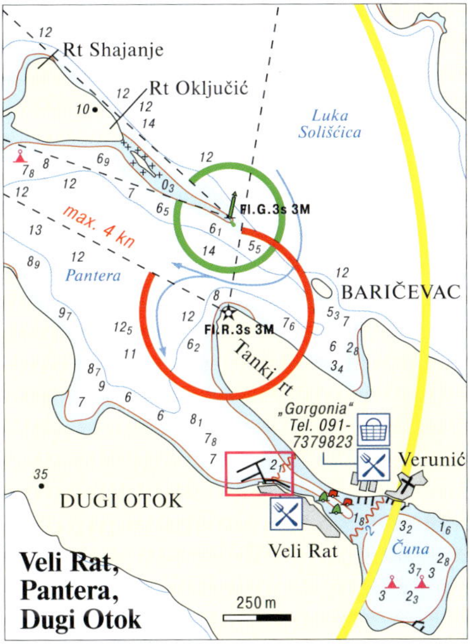

36 Insel Dugi Otok, Bucht Magrovica: Taverna »Goro«

Am nördlichen Ende der ringsum geschützten Bucht Magrovica liegt die Taverna »Goro«.

Die Taverna »Goro« liegt in der Magrovica, einer Unterbucht im Norden der Telašćica. Auf einem mit alten Ölbäumen bestandenen Grundstück am Ufer richteten Goran Rogulj und seine Frau Franciska ein altes Anwesen wieder her und eröffneten 1980 die Taverna »Goro«. Mit viel Fleiß und Liebe zum Detail sammelte Goran alte Gerätschaften, baute eine Küche, improvisierte eine Stromversorgung und war stets der witzige Entertainer seiner Taverna.
Schnell verbreitete sich der gute Ruf der Taverna »Goro«. Das idyllische Lokal mit seiner von Weinlaub überdachten Terrasse wuchs mit den Gästen. In der Bar darüber können die Besucher ausspannen. Nach dem Tod seiner Frau Franciska im Jahr 2006 zog sich Goran zurück und übergab das Steuer seinem Sohn Jakov. Der Entertainer von einst kümmerte sich um den Gemüsegarten, besorgte Fleisch und Fisch und war nur noch selten in der Taverna zu sehen. Am 28. November 2016 starb Goran Rogulj.

Lage und Liegeplätze

Yachtcrews ankern in der Bucht Magrovica und setzen mit dem Beiboot zum hauseigenen Steg des »Goro« im nördlichsten Zipfel der Bucht über.

Besonderheiten

Jakov Rogulj setzt die Tradition seines Vaters fort und bereitet die Peka weiter nach alter Rezeptur. Weil die Zubereitung langwierig ist, sollten Crews diese mindestens einen halben Tag vorher ordern. Auch bei Jakov kommen nur Fleisch, Kartoffeln und Gewürze in der gusseisernen Kasserolle unter die Glut.

Koch und Entertainer Goran Rogulj († 2016) übergab seinem Sohn Jakov das Zepter.

Fisch und Meeresfrüchte von lokalen Fischern, Fleisch von heimischen Bauern sowie Gemüse, Kräuter und Olivenöl aus eigenem Anbau sind die Zutaten der Küche. Die Hausweine, selbst produzierter Cuvée Merlot bzw. Shiraz, runden das Menü ab. Ambiente, Speisen und individueller Service sind kaum zu überbieten.

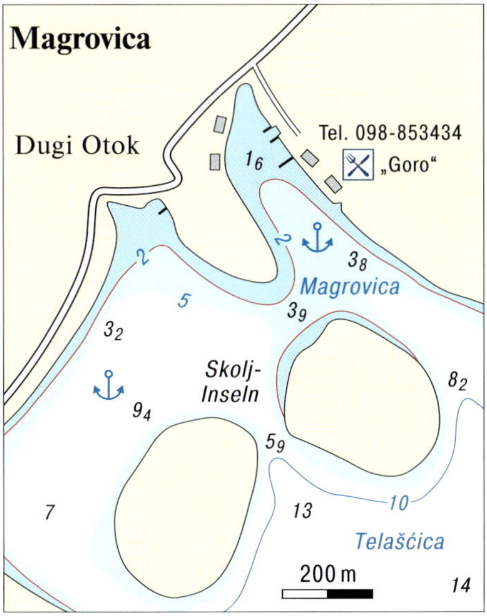

Öffnungszeiten

1. April bis 31. Oktober, 11 bis 24 Uhr. Reservierung erwünscht.

Kontakt

Taverna »Goro«
Insel Dugi Otok
Naturpark Telašćica, Uvala Magrovica
Tel.: 098-85 34 34
E-Mail: jakov.rogulj@gmail.com
www.tavernagoro.com

37 Insel Dugi Otok, Bucht Kruševica: Konoba »Kršovica«

Die Bucht Kruševica mit der urigen Konoba »Kršovica« im schönsten Abendlicht

Die urige Konoba »Kršovica« liegt am Nordufer der Bucht Telašćica in der Unterbucht Kruševica. Alt-Hippie Goran Jagić baute 1995 rustikale Tische und Bänke unter Pinien auf, mauerte einen Außengrill und gestaltete seinen kleinen Garten am Meer liebevoll. Aus der Ferne sind nur die an einer Holzstange hängenden Lettern KRŠOVICA zu erkennen.

Lage und Liegeplätze

Yachten ankern in der Bucht Kruševica oder machen an einer Boje fest. Mit dem Beiboot fährt man zum Dingi-Anleger vor dem »Kršovica«.

Besonderheiten

Die Konoba »Kršovica« ist kein Gourmettempel. Aber sie bietet in einem urwüchsigen Ambiente rustikale dalmatinische Grillküche. Inhaber Goran Jagić ist der Meister in seiner »schwarzen Küche«. Fisch von lokalen Fischern und Fleisch von Dugi Otok werden mit Olivenöl, frischem Gemüse und Kräutern der Insel vor den Augen der Gäste zubereitet. Der sympathische Goran im Robinson-Crusoe-Outfit sorgt stets für gute Stimmung unter den Crews, die zusammen an langen Tischen essen und feiern. Genießen Sie in der herrlichen Konoba unter dem Piniendach den Sonnenuntergang über der Telašćica und die ausgelassene Stimmung in Gorans Einsiedelei.

Gorans Sohn Sebastian betreibt den schwimmenden »Tonis Supermarkt« und

Alt-Hippie Goran in der »schwarzen Küche«

Einfache Tische und Bänke und beste Stimmung

besucht morgens die Ankerlieger in der Telašćica, um frisches Brot sowie Obst und Gemüse von der Insel zu verkaufen.

Gorans »Freilichtmuseum«

Öffnungszeiten

1. April bis 31. Oktober, 10 bis 23 Uhr. Größere Crews sollten sich besser anmelden und eine Boje reservieren lassen, die mit einem Surfbrett markiert wird.

Kontakt

Konoba »Kršovica«
Insel Dugi Otok
Naturpark Telašćica, Bucht Kruševica
Tel.: 098-160 79 02
E-Mail: njare77@gmail.com

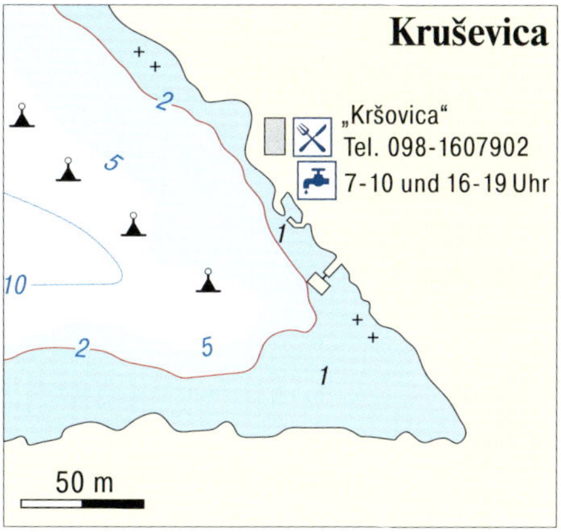

Norddalmatien: Kornaten

38 Insel Žut, Luka Žut: Fischerhaus »Sandra«

Komfortables Anlegen mit Murings am hauseigenen Schwimmsteg

Das Fischerhaus »Sandra« liegt auf der Insel Žut und schließt sich unmittelbar südlich an die ACI Marina Žut an. Dieser südwestliche Zipfel der Luka Žut heißt Golubovac. Das Fischerhaus gehörte Sandra Božikov, die 2006 jung verstarb. Seitdem betreibt ihr Mann Damir Božikov zusammen mit seinen Töchtern Christina und Grga das »Sandra«. Damir ist professioneller Fischer und fährt aus Leidenschaft und Berufung täglich hinaus. 2012 wurde das Fischerhaus komplett renoviert und bietet den Gästen oben eine Terrasse und unten eine Lounge.

Lage und Liegeplätze

Am eigenen Steg des »Sandra« können Yachten mit Murings anlegen. Alternativ kann man in der ACI Marina Žut anlegen oder im Bojenfeld im Norden der Bucht festmachen.

Besonderheiten

Das »Sandra« bietet fangfrischen Fisch in bester Qualität und reicher Auswahl. Dafür sorgt der Inhaber und Profifischer Damir Božikov. Er fährt täglich mit dem eigenen Kutter auf Fang in die Kornaten oder auf die Adria hinaus. Seinen Gästen tischt

Der Profifischer Damir Božikov versorgt das »Sandra« mit Wildfisch aus eigenem Fang.

er nur frischen Wildfisch, keinen Zuchtfisch, auf. Fleisch und Gemüse kommen aus heimischem Anbau, Olivenöl, Kräuter und Gewürze von der Insel. Spezialitäten sind Eintopf aus Fisch und Gemüse, Fisch vom offenen Holzkohlegrill oder in Luft und Sonne getrockneter Stockfisch. Auf der Terrasse sitzt man etwas erhöht und genießt einen schönen Blick über die Bucht, in der gemütlichen Lounge kann man bei einem guten Tropfen relaxen.

Öffnungszeiten

1. April bis 31. Oktober, 9 bis 23 Uhr. Während der Saison Reservierung von Tisch und Liegeplatz empfohlen.

Kontakt

Fischerhaus »Sandra«
Insel Žut, Kornaten
Tel.: 098-923 50 33
E-Mail: info@restaurant-sandra.com

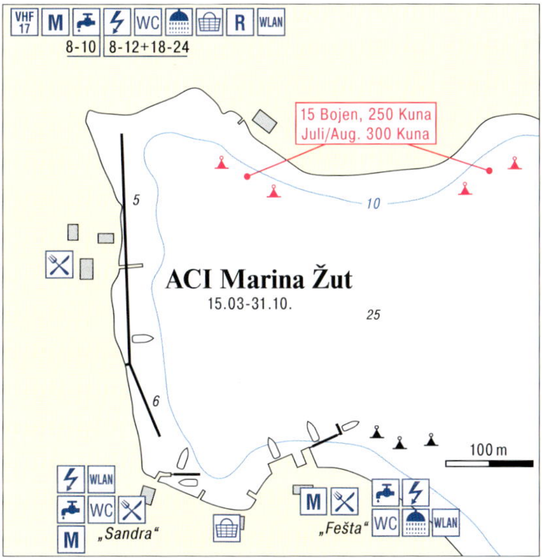

39 Insel Žut, Luka Žut: Seafood-Restaurant »Fešta«

»Fešta«-Chef Krešimir Mudronja präsentiert das fantasievoll zubereitete Beste aus dem Meer.

Das »Fešta« liegt auf der Insel Žut, südlich der ACI Marina Žut in der kleinen Bucht Golubovac. Im Jahr 2000 hatte der junge Krešimir Mudronja nicht viel mehr als ein altes Steinhaus am Meer und einen verwilderten Olivenhain. Doch Krešimir sprach von seiner großen Vision: Er wollte hier in der trockenen Karstlandschaft ein hervorragendes Seafood-Restaurant mit eigener Privatmarina errichten. Der junge Visionär besaß kein Kapital und hatte weder Strom noch Wasser.
Inzwischen produziert Krešimir Strom mit einer eigenen Solaranlage sowie Trinkwasser mit einer Meerwasserentsalzungsanlage. Sein »Fešta« hat es an die Spitze der besten Seafood-Restaurants des gesamten Mittelmeeres geschafft. Und so gehören VIPs aus Politik, Sport und Show zu seinen Gästen. Attraktive Angebote neben dem Anleger: Strand, Aquapark, Beautycenter.

Lage und Liegeplätze

In der Privatmarina Fešta gibt es 40 Gastliegeplätze auf Wassertiefen von zwei bis sieben Metern. Für große Yachten bis circa 60 Meter Länge gibt es Murings bis 75 Meter Länge. Südlich des 60 Meter langen Schwimmstegs können große Motoryachten nach Absprache längsseits gehen.

Besonderheiten

»Wir wollen immer besser sein als die anderen«, lautet die Philosophie der »Fešta«-Crew. Das Restaurant bietet neben traditioneller Inselküche eine Fülle von eigenen Kreationen aus Fisch und Meeresfrüchten. Die jungen Spitzenköche zaubern regelrechte Kunstwerke – sowohl optisch als auch lukullisch. Fische und Schalentiere stammen von lokalen Fischern, Öl aus dem eigenen Olivenhain. Gemüse, Früchte und Kräuter der Insel garantieren einen authentischen Geschmack. Das Brot

Gastliegeplätze in der Privatmarina Fešta

Zahnbrasse, Bohnenpüree und Scampi-Lavendel-Soße

kommt täglich frisch aus dem eigenen Backofen.

Spezialitäten sind unter anderem Meeresfrüchte auf Eis mit Zitrone, geschmorter Hummer mit Spaghetti oder Fisch auf dem Salzbett gebacken. Zu den Eigenkreationen zählen Meeraalpastete, Schwertfisch-Tartar oder Goldbrassen-Carpaccio mit Trüffeln und Kapern. In der unter der Terrasse liegenden Vinothek, die man durch eine begehbare Glasdecke sehen kann, lagern beste Tropfen Istriens und Dalmatiens.

Die »Fešta«-Crew erklärt den Gästen gern ihre exotischen Kreationen und empfiehlt passende Weine. Vergessen Sie nicht, vor der Bestellung einen Blick in die Karte zu werfen oder sich die Preise der Spezialitäten nennen zu lassen. Denn die Speisen im »Fešta« sind von hervorragender Qualität – und das hat seinen Preis.

Die exzellenten Gerichte aus den Früchten des Meeres, der hervorragende Service sowie das herrliche Ambiente mit Blick auf die Bucht machen einen Abend im »Fešta« zu einem unvergesslichen Erlebnis.

Öffnungszeiten

Ganzjährig, 9 bis 23 Uhr. Reservierung notwendig.

Kontakt

Fischrestaurant »Fešta«
Insel Žut
Kornaten
Tel.: 098-42 52 29
E-Mail: restoran-festa@zut.hr
www.zut.hr

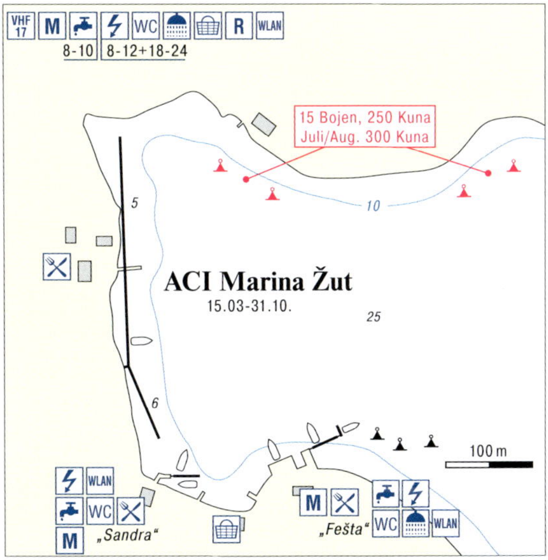

40 Insel Levrnaka, Bucht Anica: Konoba »Levrnaka«

Nationalpark Kornati: Im Scheitel der Bucht Anica liegt die beliebte Konoba »Levrnaka«.

Das »Levrnaka« liegt auf der gleichnamigen Insel im Westen des Nationalparks Kornati im Scheitel der Bucht Anica (auch Levrnaka genannt). Das Anwesen der Familie Ježina wurde 1980 als Fischerhaus gebaut, mit dem wieder einsetzenden Tourismus im Jahre 1994 dann erweitert und als Restaurant eröffnet. Inzwischen ist das »Levrnaka« über die Landesgrenzen hinweg so bekannt und beliebt, dass Chef Mladen Ježina und Sohn Daniel das Restaurant und die Gastliegeplätze mehrmals der gestiegenen Besucherzahl anpassen mussten.

Lage und Liegeplätze

Yachtcrews legen in der Privatmarina Levrnaka an oder ankern in der Bucht.

Besonderheiten

Das »Levrnaka« bietet traditionelle Kornatenküche sowie eine große Vielfalt eigener Kreationen aus Fisch und Meeresfrüchten. Jeden Morgen geht die Crew auf Fischfang. Reicht die Menge nicht, wird von lokalen Fischern hinzugekauft. Das Lammfleisch stammt von Levrnaka oder den Nachbarinseln, Obst und Gemüse von den Bauern des Archipels. Frische Kräuter aus dem Garten oder der Wildnis verfeinern die Gerichte. Die Oliven werden auf den eigenen Hainen auf den Kornaten geerntet und selbst zu Öl gepresst. Spezialitäten des »Levrnaka« sind unter anderem Thunfisch-Carpaccio, Oktopussalat, Inselziegenkäse, Fischpeka, hausgemachte Gnocchi mit Tintenfisch, Zitronensorbet,

Vorspeisenteller »Levrnaka«: Fisch-Carpaccio und Meeresfrüchte aus den Kornaten

Feigenkuchen und Salbeieis. Die Weine stammen aus Dalmatien, Istrien und dem Kvarner.

Öffnungszeiten

1. April bis 31. Oktober, 9 bis 24 Uhr. Reservierung empfohlen.

Kontakt

Konoba »Levrnaka«
Bucht Anica, Insel Levrnaka 7
Nationalpark Kornati
Tel.: 091-435 37 77
E-Mail: daniel@konoba-levrnaka.hr
www.konoba-levrnaka.hr

Abendstimmung am Schwimmsteg vor der Konoba

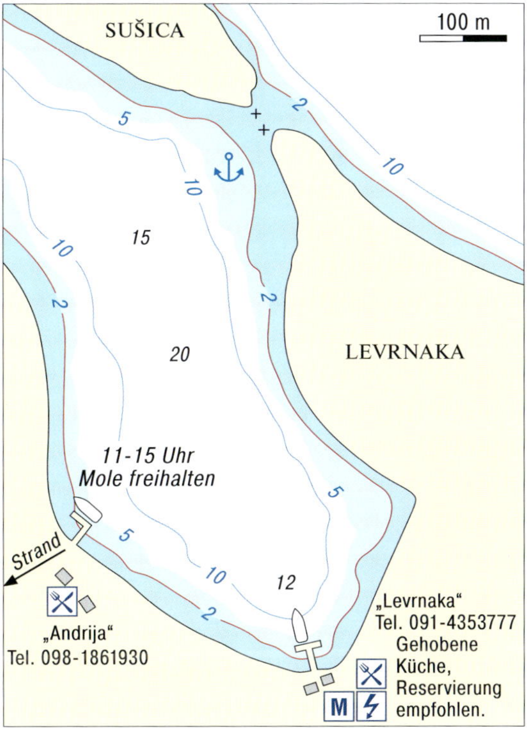

41 Strižnja: Restaurant »Quattro«

Der Anleger des Restaurants »Quattro« mit Lichtspiel über der Insel Kornat

Das »Quattro« liegt an der Westküste der Insel Kornat im Norden der Bucht Strižnja. Es zählt zu den ältesten Lokalen im Nationalpark Kornati. 1996 begann Petar Skračić seine Gäste, die mit dem Boot in den Archipel kamen, zu bewirten. Schnell avancierte er zu einem der besten Fischköche der Kornaten und zum legendären Quattrobesitzer. Nach seinem Tod im Jahr 2010 übernahm sein Sohn Jere das Restaurant, der das Erbe seines Vaters weiterführt.

Dinner an der Mole, Jere Skračić serviert.

Lage und Liegeplätze

Yachten legen an den hauseigenen Anlegern im Norden der Bucht Strižnja an oder ankern davor.

Besonderheiten

Das »Quattro« bietet dalmatinische Küche nach traditionellen Rezepten der Kurnatare (Kornatensiedler). Fisch und Meeresfrüchte aus der Adria, Inselfleisch sowie Gemüse aus dem Archipel werden im

Fisch und Schalentiere aus der Adria sind die wichtigsten Zutaten für den Eintopf Brudet.

Ofen oder auf dem Grill klassisch zubereitet. Olivenöl von den Kornaten sowie Wildkräuter sorgen für ein authentisches Aroma. Spezialitäten des Hauses sind Fischeintopf (Brudet), gebackener Tintenfisch, Scampi mit Spaghetti, Haifischsteak in Bierteig gebacken oder gefüllte Paprikaschoten. Die Crew des »Quattro« verwöhnt ihre Gäste gern mit lokalen Weinen oder Kräuterschnäpsen. Im Schatten von Pinien haben die Gäste einen schönen Blick auf die Bucht und den Kornatski Kanal. Der Sonnenuntergang über den Hügeln der äußeren Kornateninseln und der meist grandiose Sternenhimmel runden das Ambiente ab.

Öffnungszeiten

1. Mai bis 15. Oktober, 10 bis 23 Uhr. Reservierung empfohlen.

Kontakt

Restaurant »Quattro«
Bucht Strižnja
Insel Kornat
Nationalpark Kornati
Tel.: 091-754 94 20

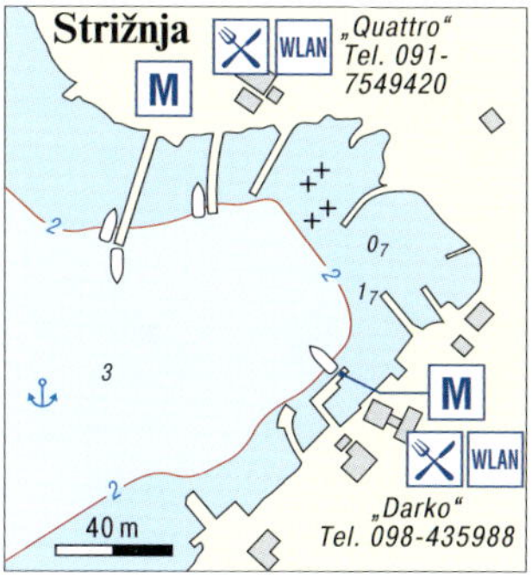

42 Insel Kornat, Vrulje: Konoba »Ante«

Vrulje, die »Hauptstadt« des Kornaten-Archipels, mit der Konoba »Ante«

Die legendäre Konoba »Ante« liegt in Vrulje an der Westküste der Insel Kornat. Vrulje ist mit etwa 20 Häusern das einzige Dorf der Kornaten. Schon Mitte der 1990er-Jahre zog die malerische Lage des Ortes die Bootsfahrer dorthin, welche beim heimischen Fischer Ante Jerat fragten, ob er seinen frisch gefangenen Fisch für sie grillen könne. Fischer Ante baute das zerstörte Anwesen seiner Familie wieder auf, reparierte die Pier und mauerte einen offenen Grill in die »Hauptstraße«. Der Anleger mit Grill, zugleich zentraler Punkt des Dorfes, wurde im Jahre 1996 als Konoba »Ante« eröffnet. Der von vielen Kornatenbesuchern geliebte Fischer Ante verstarb 2007. Seine Frau Gordana, die die Seele der Küche war, übernahm das Ruder. Kurze Zeit später verstarb auch sie. Heute navigiert Sohn Jure im Fahrwasser seines Vaters.

Lage und Liegeplätze

Yachten können an der hauseigenen Pier vor dem »Ante« anlegen. Man liegt dann quasi mit der Yacht am Tisch der Konoba. Ist dort alles belegt, kann die Crew in der Bucht Vrulje an einer Boje festmachen oder ankern.

Besonderheiten

In der urigen Konoba »Ante« wird die traditionelle Küche der Kurnatare nach überlieferten Fischerrezepten weiter gepflegt. Inhaber Jure sorgt mit eigenem Boot und mit Unterstützung lokaler Fischer täglich für Fisch und Meeresfrüchte. Fleisch, Obst und Gemüse liefern einheimische Bauern.

Einfach nur anlegen am Tisch, schlemmen und genießen.

Das schmackhafte Kornatenöl wird aus den Oliven des eigenen Hains gewonnen. Gewürze und Kräuter kommen erntefrisch vom Wildgarten in den Topf oder auf den Teller und unterstreichen den typischen Geschmack der Kornatenküche.

Spezialitäten sind Fischbrudet, Tintenfischsalat, Fisch vom Grill oder aus dem Ofen, Muscheln in Buzara mit Spaghetti oder Kornatenlamm. Stimmung und Ambiente sind kaum zu überbieten. Vom nahen Gipfel des 89 Meter hohen Berges Vrujsko kann man einen der schönsten Sonnenuntergänge in den Kornaten erleben.

Öffnungszeiten

1. Mai bis 15. Oktober, 9 bis 24 Uhr. Reservierung empfohlen.

Kontakt

Konoba »Ante«
Insel Kornat 124
Vrulje
Nationalpark Kornati
Tel.: 091-519 92 46
E-Mail: ante_vrulje@vip.hr

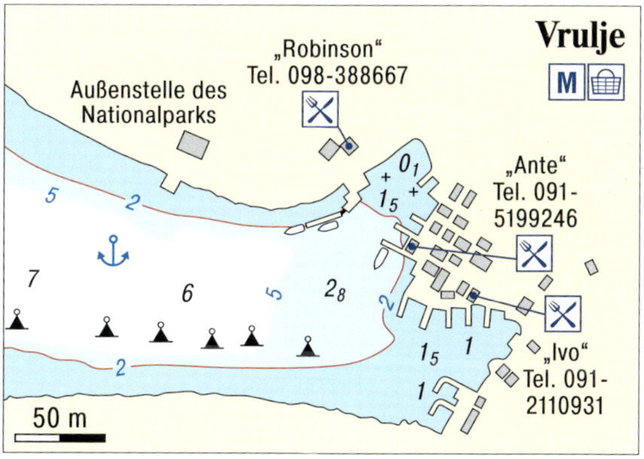

43 Insel Ravni Žakan, Bucht Žakan: Restaurant »Konoba Žakan«

Der Anleger vor dem Restaurant, das mit traditionellen Materialien in modernem Design erbaut wurde.

Die »Konoba Žakan« liegt im Süden der Kornaten auf der Insel Ravni Žakan. Eigentümerin ist die Marina Hramina in Murter. Mitte der 1990er-Jahre baute sie die ehemalige Fischverladestelle zum Fischrestaurant um. Wegen der großen Nachfrage wurde das Lokal später komplett neu gestaltet und erstrahlt seit 2011 als architektonisches Prachtstück mit stylishem Interieur und Spitzengastronomie. Zur »Konoba Žakan« gehört ein neu aufgeforsteter Olivenhain hinter dem Haus. Geschäftsführer Nikša Bakulić freut sich über den Erfolg: »Der enorme Zulauf bestätigt unser Konzept.«

Lage und Liegeplätze

Yachten können an den Molen vor dem Restaurant »Konoba Žakan« anlegen. Eine rechtzeitige Reservierung empfiehlt sich. Ist dort kein Platz mehr frei, kann die Crew in der Bucht Žakan ankern.

Besonderheiten

Küchenchef Zoran Gajić kombiniert die überlieferte Küche der Kurnatare mit internationaler Küche zu modernster Kochkunst. Sein Team kreiert Gaumenfreuden aus Fisch und Schalentieren, welche frisch aus dem Archipel in die Küche gelangen. Fleisch und Gemüse aus der Region werden mit lokalen Kräutern und eigenem Olivenöl zu kulinarischen Kunstwerken verarbeitet. Eine Spezialität ist das Kornatenlamm mit seinem besonderen Geschmack, da die Tiere auf kargen

Tradition der Kurnatare in modernem Look: Spaghetti, Meeresfrüchte, Olivenöl und Minze

Böden weiden. Weitere Köstlichkeiten des Hauses sind Tintenfischsalat, Fischeintopf, Seeteufel- und Lammpeka sowie Hummer mit Spaghetti. Unwiderstehlich ist der Palatschinken mit Weinschaumcreme. Es werden kroatische und internationale Weine angeboten. Ambiente und Service sind Spitze. Auf der Terrasse, umgeben von Meer und Steinen, kann man den abendlichen Sonnenuntergang mit allen Sinnen genießen.

Öffnungszeiten

1. April bis 30. Oktober, 9 bis 23 Uhr. Reservierung notwendig.

Kontakt

Restaurant »Konoba Žakan«
Insel Ravni Žakan
Nationalpark Kornati
Tel.: 091-377 6015
E-Mail: niksa@marina-hramina.hr
www.marina-hramina.hr

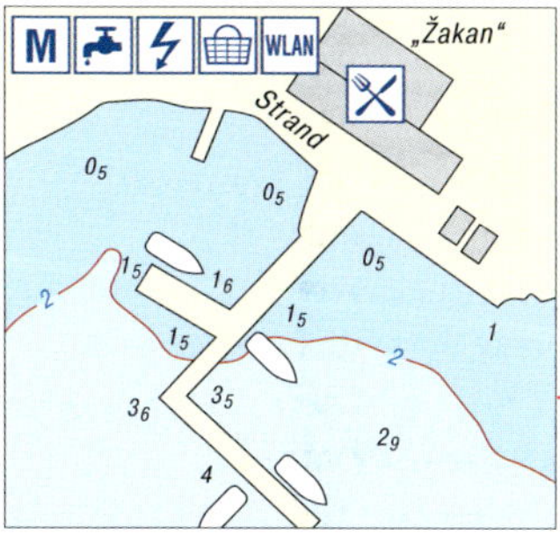

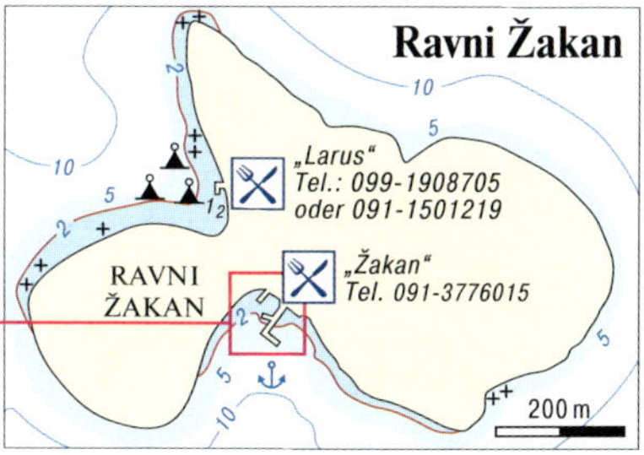

Norddalmatien: Archipel von Šibenik

44 Insel Kaprije, Bucht Mala Nozdra: Restaurant »Matteo«

Das »Matteo« liegt versteckt in einem Fjord im Süden der Kapern-Insel Kaprije.

Das »Matteo« liegt auf der Insel Kaprije am Ostufer der malerischen Bucht Mala Nozdra. Von 1980 bis 1997 gab es das »Matteo« schon in Tisno sowie von 1997 bis 2004 auf der Insel Opat in den Kornaten. Seit 2002 betreibt Inhaber Mate Obratov das neue »Matteo« auf der Insel Kaprije. Auch Sohn Ante und Tochter Ana sind inzwischen mit an Bord, seit 2015 ist Ana sogar die Chefin des Hauses.

Lage und Liegeplätze

Yachtcrews können an den Bojen in der Bucht Mala Nozdra festmachen oder ankern. Mit einem kleinen Boot bis ein Meter Tiefgang kann man direkt am befestigten Ufer des »Matteo« anlegen.

Besonderheiten

Das »Matteo« bietet traditionelle dalmatinische Küche. Fisch und Meeresfrüchte stammen von Fischern aus dem Archipel von Šibenik. Fleisch und Gemüse liefern Bauern von der Insel Kaprije. Ihren einzigartigen Geschmack erhalten die Gerichte durch frische Wildkräuter und Gewürze

Ein Platz am Meer, ein Glas Wein und ein betörender Duft nach Kapern und Rosmarin

von der Insel sowie einheimisches Olivenöl. Spezialitäten sind Thunfisch-Carpaccio, Fischpeka, Tintenfischsalat, Muscheln in Buzara, Spaghetti mit Garnelen sowie Fisch und Oktopus vom Grill. Am offenen Ofen lässt sich der Koch gern über die Schulter schauen. Von der erhöhten Terrasse des »Matteo« inmitten von Natur, Meer und Einsamkeit kann man bei einem tollen Ausblick sein Mahl genießen.

Öffnungszeiten

1. April bis 15. November, 9 bis 24 Uhr. Reservierung erwünscht.

Kontakt

Restaurant »Matteo«
Bucht Mala Nozdra
22235 Kaprije
Tel.: 098-33 63 35
E-Mail: restoranmatteo@email.t-com.hr

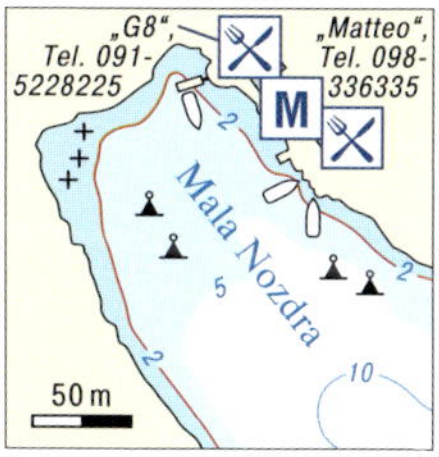

45 Skradin: Konoba »Vidrovača«

Anleger Vidrovača an der Krka, die Plätze der Konoba sind im lauschigen Park verteilt.

Die Konoba »Vidrovača« liegt sehr malerisch unter einem Dach alter Bäume in der gleichnamigen Bucht im Canyon des Flusses Krka, etwa 0,8 Seemeilen südlich von Skradin. Namensgeber ist der Otter (Vidra), der in der Otternbucht heimisch war. Seit 1998 betreibt der sympathische Inhaber Vlatko Petrović mit seiner Crew die Konoba »Vidrovača« auf einem alten Hanggrundstück inmitten üppiger Natur unweit der berühmten Krka-Fälle.

Lage und Liegeplätze

Am hauseigenen Steg der »Vidrovača« können bis zu 26 Yachten an Murings festmachen. Alternativ kann man in der nahen ACI Marina Skradin anlegen. Nach telefonischer Absprache wird die Crew mit dem Bootsshuttle der Konoba von der Marina abgeholt und später wieder zurückgebracht.

Besonderheiten

In der Konoba »Vidrovača« wird die traditionelle dalmatinische Küche gepflegt. Fisch und Schalentiere aus dem Süßwasserfluss Krka und dem Archipel von Šibenik, heimisches Fleisch und Olivenöl sowie Kräuter und Gewürze vom Ufer der Krka sind die Zutaten der Küche. Spezialitäten sind Oktopussalat, Fischsuppe, gegrillter oder gebackener Fisch, Lammpeka, gratinierte Jakobsmuscheln, Spaghetti mit Muscheln in Buzara, Spaghetti mit Shrimps oder Garnelen sowie frische oder überbackene Austern.

Fluss und Meer – gegrillter Fisch aus der Krka und Scampi aus der Adria

Das urige Lokal in der lauschigen Otternbucht ist längst zu einer Topadresse für Genießer avanciert. Am Ufer des Flusses sitzend mit Blick auf die illuminierte Brücke kann man bei einem heimischen Wein den Tag herrlich ausklingen lassen.

Paradiesgarten an der Krka-Brücke

Öffnungszeiten

20. April bis 15. Oktober, 12 bis 24 Uhr. Reservierung erwünscht.

Kontakt

Konoba »Vidrovača«
Bucht Vidrovača, 22222 Skradin
Tel.: 098-75 72 81
E-Mail: vidrovaca@gmail.com
www.vidrovaca.com

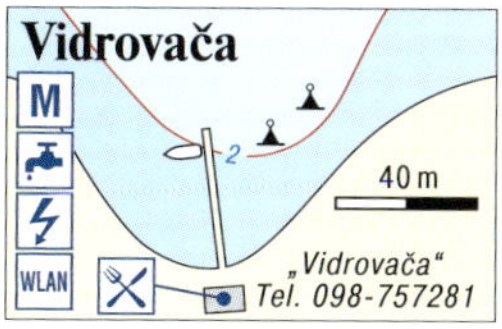

Mitteldalmatien

46 Insel Šolta, Maslinica: Restaurant »Martinis Marchi«

Kreative Küche für Genießer: Krake als Kunstwerk zum Verzehren

Über dem Hafen Maslinica an der Ostküste von Šolta thront der Palast Martinis Marchi in einem 5000 Quadratmeter großen Park. Im Jahr 1703 erteilten die venezianischen Autoritäten dem Baumeister Ivan Petar Marchi und seinen Brüdern Juraj und Ian die Baugenehmigung für ein Schloss. Um sich vor Piraten zu schützen, bauten sie es wehrhaft mit Mauern und Turm. In der Umgebung legten sie Olivenhaine und Weingärten an. Und so gab auch der Olivenanbau, »Maslinica« bedeutet »kleine Olive«, dem Ort seinen Namen. Ende des 19. Jahrhunderts verkauften die verschuldeten Besitzer das Anwesen. Der Palast verfiel. In den 1960er-Jahren wurde er dilettantisch renoviert und als Hotel genutzt, später als Jugendlager. Von 2002 bis 2004 wurde das Schloss dann unter Berücksichtigung des Denkmalschutzes renoviert und fand zu altem Glanz zurück. Eigentümer sind Le Mirador – Kempinski

Der Innenhof des Palasts

boote.magazin
FASZINATION
MOTORBOOTE
2 2017
boote
EUROPAS GRÖSSTES MOTORBOOT-MAGAZIN
MOTORENTEST
350-PS-
AUSSENBORDER
MERCURY VERADO GEGEN YAMAHA
boot
DÜSSELDORF
2017
EXTRA
NEUE BOOTE
TESTS & FAHRBERICH
► Atlantic Adventure 7
► Cobalt CS3
► Azimut 66 Fly
► Jeanneau Leader 46
ECHOLOTE
14 GERÄTE IM VERGLEICH
REISEN
► TÖRNBERICHT FINNLANDS SCHÄRENKÜSTE
► REVIERINFOS DER RHEIN-MARNE-KANAL IM ELSASS
BOOTE ERSCHEINT
12 × IM JAHR UND
BIETET ALLES, WAS
MOTORBOOTFAHRER
BEGEISTERT.

Palast Martinis Marchi mit Landschaftspark und eigenem Hafen

Hotels. Im Palast befindet sich das Restaurant »Martinis Marchi«.

Lage und Liegeplätze

Yachten können im eigenen Hafen des »Martinis Marchi« festmachen.

Besonderheiten

Das »Martinis Marchi« bietet eine gehobene Küche. Fisch und Meeresfrüchte aus der Adria sowie Fleisch, Obst, Gemüse, Kräuter und Olivenöl von der Insel Šolta sind die wichtigsten Zutaten. Spezialitäten der Spitzenköche sind unter anderem Pršut mit Feigen, Oktopus- und Thunfisch-Carpaccio, Ziegenkäse mit Speck auf Fenchel gewickelt, Jakobsmuscheln mit Erbsensoße sowie Wolfsbarschfilet auf Garnelen mit Schnittlauchcreme. Im Keller lagern beste kroatische, italienische und französische Weine. Genießen Sie die Kreativität der Küche und den exzellenten Service.

Öffnungszeiten

Ganzjährig, 9 bis 24 Uhr. Reservierung empfohlen.

Kontakt

Restaurant »Martinis Marchi«
Maslinica
Insel Šolta
Put Sv. Nikole 51
21430 Grohote
Tel.: 021-71 88 38
E-Mail: restaurant@martinis-marchi.com
www.martinis-marchi.com

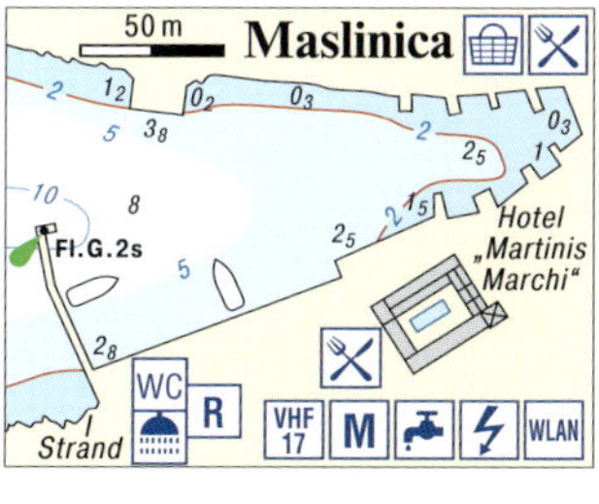

47 Insel Brač, Bucht Luka: Restaurant »Pipo«

Weißer Traum in der Luka: Restaurant »Pipo« mit Bootsanleger und Strand

Das »Pipo« liegt in der weitverzweigten Bucht Luka im Nordosten von Brač. Das Lokal befindet sich im westlichsten Zipfel der Bucht unweit des Sandstrandes. 1996 begann Familie Eterović, auf dem Platz einer alten Lagerhalle ein weißes Haus mit weißem Dach im traditionellen Inselstil zu bauen. Sie legten eine Meeresfrüchtefarm an, einen Gemüsegarten, einen Bootsanleger und verschönerten den Strand mit weißen Kieseln. Zur Jahrtausendwende eröffnete Božidar Eterović, genannt Pipo, in seinem neuen Anwesen das Restaurant »Pipo«. Die Familien seiner zwei älteren Brüder Jure und Ivica liefern Zutaten aus eigener Produktion bzw. zaubern in der Küche die Gerichte.

Am Haus wächst Gemüse für die Gäste.

Lage und Liegeplätze

Yachten können am hauseigenen Anleger des »Pipo« festmachen oder in der Bucht ankern.

Besonderheiten

Küchenchef Božidar Eterović will die Aromen und Gerüche der Insel auf den Tisch bringen. Fisch wird mit dem eigenen Boot angelandet oder von Fischern aus Pučišća und Povlja geliefert, Meeresfrüchte kommen von der eigenen Farm, Insellamm

Der Klassiker für hungrige Crews: Pipos Scampi-Parade auf Spaghetti

vom Bruder Ivicirca und Gemüse, Kräuter und Gewürze gedeihen im eigenen Biogarten neben dem Lokal. Das Olivenöl wird von den Bäumen der Familie gewonnen und Winzer der umliegenden Inseln liefern die Trauben für den selbst gekelterten Wein.

Spezialitäten sind getrocknetes Fischfilet in Öl und Zwiebeln nach alter Tradition, Seeigelrogen, auf Kiefernholzfeuer am Spieß gegrilltes Lamm, Austern, Muscheln mit Spaghetti, Fischeintopf und Fisch vom Grill. Die erlesenen Gaumenfreuden, die Ruhe und die Freundlichkeit der Crew qualifizieren das »Pipo« zu einem versteckten Juwel.

Öffnungszeiten

15. April bis 15. Oktober, 7 bis 24 Uhr. Reservierung empfohlen.

Kontakt

Restaurant »Pipo«
Povaljski zaljev
Bucht Luka
21400 Brač
Tel.: 021-784 54 95 oder 098-78 13 58
E-Mail: pipo_luke@yahoo.com
www.pipo1.com

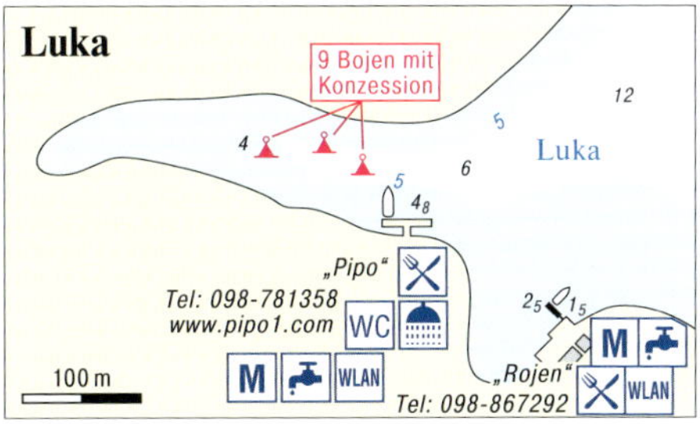

48 Insel Sveti Klement, Bucht Vlaka: Taverne »Tonči«

Perinas meisterhafte Gregada: Edelfisch, Zwiebeln, Kartoffeln, Tomaten, Knoblauch und Kräuter

Die Taverne »Tonči« liegt im mittleren Teil von Sveti Klement, unweit der Bucht Vlaka. Fischerfamilie Matijević stammt aus dem Dörfchen Vlaka auf der Anhöhe. Dort gab es wenige Häuser mit Wein- und Gemüsegärten sowie Olivenhainen. Die Kapelle bot Zuflucht vor Seeräubern. 1964 baute Familie Matijević ein neues Haus im Tal und zog in Ufernähe. Frane Matijević fischte und bewirtschaftete Weinfelder und Garten, bis sich in den 1960er-Jahren erste Urlauber nach Vlaka verirrten. Von Jahr zu Jahr kamen mehr Touristen. Sohn Tonči packte mit an und half beim Fischen. Als Tonči seine Frau Marie-Luise mit auf die Insel nahm, war sie so entzückt, dass sie blieb. Tonči und Marie-Luise erweiterten das Fischerhaus zur Pension. Inzwischen sorgt Tochter Perina in dritter Generation für das Wohl der Gäste.

Lage und Liegeplätze

Yachten ankern am sichersten in der Bucht Taršće (außer bei Jugo). In den Buchten Vlaka und Soline wird es schnell tief. Von der ACI Marina Palmižana gelangt man auf einem 3,5 Kilometer langen Eselspfad zur Taverne »Tonči«.

Besonderheiten

Im »Tonči« lebt die traditionelle Inselküche fort. Tonči fängt täglich Fisch und Meeresfrüchte. Die eigene Schafherde sorgt für Lammfleisch, während Gemüse und Kräuter im eigenen Biogarten angebaut werden. Spezialität ist Brodetto, ein Fischgulasch

Die schöne Perina kocht und kellnert.

mit Tomaten, Zwiebeln und Wein, das je nach Fang mit Aal, Drachenkopf, Languste oder Hummer zubereitet wird. Das dalmatinische Nationalgericht Gregada, ein Fischeintopf mit Kartoffeln, Zwiebeln und Weißwein, wird bei Tonči auf offenem Feuer gekocht. Fisch wird auf Rebstockglut gegrillt und mittels Rosmarinzweigen mit hausgepresstem Öl beträufelt. Dazu gibt es Rosmarinkartoffeln, frittierte Zucchini und mit Tomate gefüllte Auberginen. Zum Fisch wird Hauswein aus den Rebsorten Bogdanuša und Vugava serviert.

Öffnungszeiten

1. Mai bis 30. September, 10 bis 23 Uhr. Reservierung empfohlen.

Kontakt

Taverne »Tonči«
Insel Sveti Klement, Bucht Vlaka
21450 Hvar
Tel.: 098-72 71 86
E-Mail: info@pension-tonci.com
www.pension-tonci.com

Wegweiser an der Bucht Soline

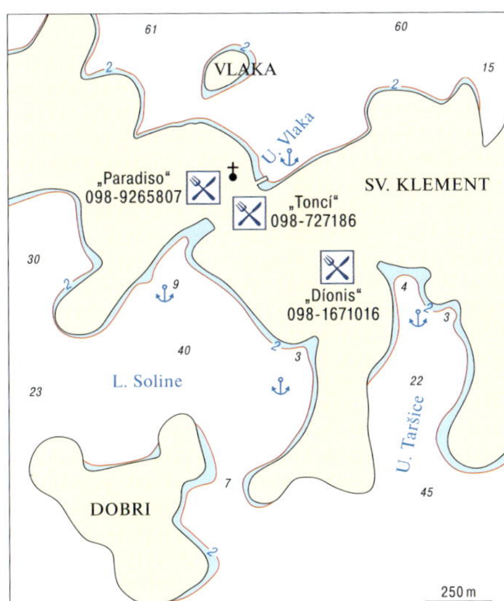

49 Insel Sv. Klement, Palmižana: Restaurant »Palmižana Meneghello«

Von der ACI Marina Palmižana ist es ein kurzer Spazierweg zum »Palmižana Meneghello«.

Der Ort Palmižana liegt auf Sveti Klement, nahe der Bucht Vinogradišće. Der Venezianer Matteo Meneghello segelte im Jahr 1800 nach Sveti Klement, kaufte über 300 Hektar Land und baute Rosmarin an. 1820 errichtete er ein Haus und nannte das Anwesen Palmižana. Berühmter Spross der Dynastie war der 1878 geborene Eugen Meneghello. Dieser studierte Botanik und Mathematik und lehrte in Dubrovnik die Kunst der Navigation. Prof. Eugen Meneghello pflanzte Anfang des 20. Jahrhunderts Fichten, Kiefern und Zypressen an und bekam von seinen früheren Nautikschülern Kakteen und andere exotische Pflanzen aus Übersee mitgebracht. Ab 1906 beherbergte Eugen Meneghello Gäste aus Wissenschaft und Kunst auf seinem Anwesen.

1967 heiratete sein Sohn Juraj Toto die Journalistin Dagmar Gebauer aus Zagreb. Diese eröffneten 1971 das »Palmižana Meneghello«. Nachdem Toto 1985 verstarb, führte Dagmar das Unternehmen allein fort. Seit den 1980er-Jahren zeigt sie auf Palmižana Gemälde und Plastiken junger Künstler, die dem Ort einen sinnlichen Charme verleihen. Das Restaurant »Palmižana Meneghello« wurde zu einer Symbiose von Gastronomie und Kultur. Heute sind Dagmars Kinder mit im Boot: Sohn Toto jr. als Fischer, die Töchter Romina und Tarin in der Küche und im Service.

Lage und Liegeplätze

Yachten machen im Bojenfeld in der Bucht Vinogradišće oder in der ACI Marina Palmižana fest. Von der Marina gelangt die Crew nach 350 Meter Fußweg zum Restaurant.

Besonderheiten

Dagmar Meneghellos Philosophie ist es, Ökologie, Kunst und Natur in Einklang

Das Restaurant ist Gourmetadresse und Kunstgalerie in einem.

zu bringen. Ihre Küche kreiert Köstlichkeiten aus Fisch und Meeresfrüchten, die Sohn Toto rund um Vis fängt. Gemüse und Kräuter aus eigenem Anbau sorgen für das Inselaroma. Olivenöl und Fleisch stammen von lokalen Bauern. Spezialitäten des Hauses sind Fischsuppe, Thunfisch-Carpaccio mit Zitrone, Kapern und Meerfenchel, Meeresfrüchte-Eintopf, Hähnchen mit Rosmarin, Fisch vom Grill, Muschelrisotto, Trüffeln des Meeres (Abalone, auch Seeohren genannt), Hummer oder Garnelen mit Spaghetti sowie Orangenkuchen. Erlesene Weine, freundlicher Service und die magische Schönheit der Natur machen einen Abend im »Palmižana Meneghello« zum unvergesslichen Erlebnis.

Öffnungszeiten

1. April bis 31. Oktober, 8 bis 24 Uhr. Reservierung empfohlen.

Kontakt

Restaurant »Palmižana Meneghello«
Insel Sveti Klement, Bucht Vinogradišće
Palmižana, 21450 Hvar
Tel.: 021-71 72 70
E-Mail: palmizana@palmizana.hr
www.palmizana.hr

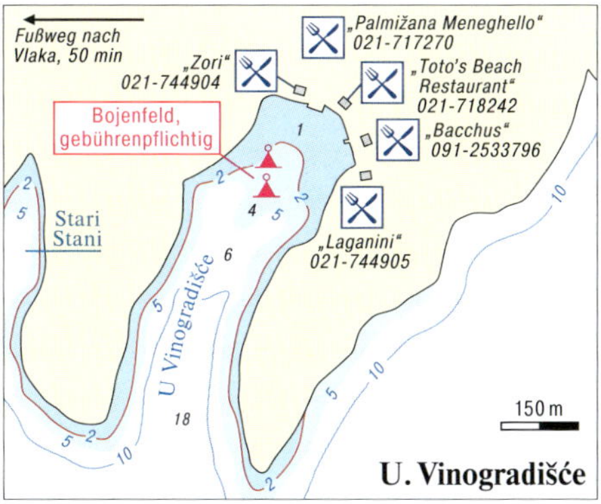

50 Insel Sv. Klement, Palmižana: »Toto's Beach Restaurant«

Hausgemachte Fischravioli in Petersiliensoße mit Petersilienpesto

»Toto's Beach Restaurant« liegt direkt am Ufer im Scheitel der Bucht Vinogradišće, also auf der Südseite der Insel Sveti Klement. Die Gastfreundlichkeit liegt in der Tradition der Familie Meneghello, und so verwundert es nicht, dass Juraj Toto Meneghellos Sohn Toto, genannt Đenko, ebenfalls ein Restaurant eröffnet hat. Seit 1999 betreiben Đenko und seine Cousins Fran und Jan »Toto's Beach Restaurant«. Đenko arbeitet mit Leidenschaft als Interieurdesigner und Fischer, und seine Cousins sorgen für das Wohl der Gäste.

»Toto's Beach Restaurant« ist das Richtige für wahre Genießer.

Lage und Liegeplätze

Yachten machen im Bojenfeld in der Bucht Vinogradišće oder in der ACI Marina Palmižana fest. Von der Marina gelangt die Crew nach 370 Meter Fußweg zum Restaurant.

Besonderheiten

Die Crew von »Toto's Beach Restaurant« knüpft an die gastronomische Tradition von Palmižana an, ist aber offen für Einflüsse der internationalen Küche. Fisch

»Toto's Beach Restaurant« liegt im Scheitel der herrlichen Ankerbucht Vinogradišće.

und Meeresfrüchte gelangen direkt vom eigenen Fischerboot in die Küche. Fleisch, saisonales Gemüse und Olivenöl stammen von der benachbarten Insel Hvar. Das Aroma der Speisen geben Kräuter und Gewürze der Insel. Spezialitäten sind hausgemachte Fischravioli in Petersiliensoße und Petersilienpesto, Thunfisch-Tagliata mit Bitterorangensoße, würziges Thunfisch-Sashimi, Bulgursalat mit Garnelen, Brassenfilet mit Fenchelzitronensoße und selbst gemachter Kuchen. Lassen Sie sich von der Qualität der Speisen im einzigartigen Ambiente auf der Terrasse mit Blick auf Strand, Bucht und Meer verzaubern.

Öffnungszeiten

1. April bis 31. Oktober, 8 bis 24 Uhr. Reservierung empfohlen.

Kontakt

Restaurant »Toto's Beach Restaurant«
Insel Sveti Klement, Bucht Vinogradišće
Palmižana, 21450 Hvar
Tel.: 021-71 82 42
E-Mail: toto@palmizana.hr
www.totos.eu

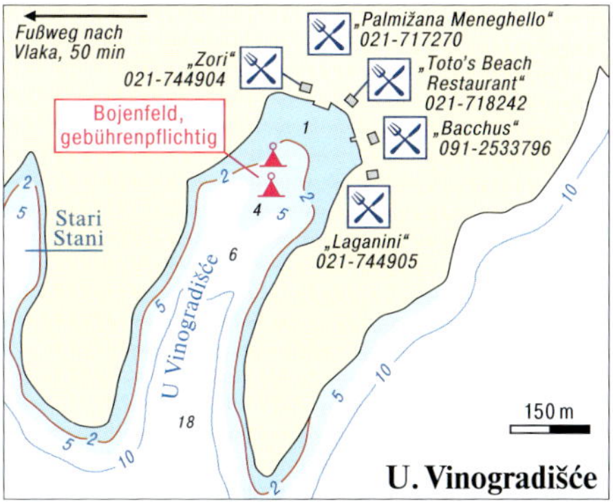

51 Insel Hvar, Sveta Nedjelja: Restaurant »Bilo Idro«

Unterseeisches Weinlager: Zlatan Plenković († 2016) war stolz auf den Blick aus seinem Kellerfenster.

Das 1986 gründete Winzerunternehmen der Familie Plenković zählt heute zu den größten Kroatiens. Nationale und internationale Preise krönen die hervorragenden Weiß- und Rotweine. Winzer Zlatan Plenković wohnte im Dorf Sveta Nedjelja an der steilen Südküste der Insel Hvar. Bis vor wenigen Jahren war Sveta Nedjelja nur mit einem kleinen Pkw über einen schmalen Bergpass und durch einen Wasserleitungstunnel erreichbar. Zlatan Plenković hatte darum die kühne Idee, für sein Dorf einen Hafen zu bauen – mit einem Restaurant und einem Weinkeller tief unter dem Meeresspiegel. Im Jahr 2005 begann er den Hafenbau und setzte sein Restaurant »Bilo Idro«, bestehend aus zwei runden Türmen mit Kegeldach, darauf. Unter dem Meeresspiegel sind die Türme hohl und darin lagern heute die feinsten Tropfen der Marke Zlatan Otok.

Trotz Warnungen erweiterte Zlatan Plenković 2008 seinen Hafen in die tiefe, offene See hinaus. Restaurant, Hafen und Weinkeller sind heute die Attraktion des Dorfes. Am 17. März 2016 starb Zlatan Plenković. Seine Söhne Nikola und Marin sowie Tochter Antonia halten das Unternehmen weiter auf Kurs.

Lage und Liegeplätze

Yachten machen im Hafen vor dem »Bilo Idro« fest. Bei Jugo ist das Ein- und Auslaufen gefährlich. Unbedingt anmelden!

Besonderheiten

Die traditionelle Kunst, Fisch und Meeresfrüchte zuzubereiten, sowie die große Auswahl hervorragender Weine machen das »Bilo Idro« zu einer Topadresse. Lokale Fischer liefern frischen Fang aus dem Meer bei Hvar. Fleisch, Gemüse, Kräuter und Oli-

Winzer Plenković baute für sein abgeschiedenes Dorf einen Hafen in die tiefe See – mit einem Weinkeller in der Mole und dem Fischrestaurant »Bilo Idro« darüber.

venöl stammen von umliegenden Höfen und Feldern. Spezialitäten sind Fisch und Tintenfisch vom Grill, Muscheln in Weißweinsoße, Scampi in Buzara, Fischeintopf, Hummer oder Garnelen mit Spaghetti sowie Meeresfrüchte-Risotto. Lassen Sie es sich nicht entgehen, das unterseeische Weindepot zu besichtigen. Service und Ambiente sind einzigartig, die Weine Spitze.

Logo des Weinguts Zlatan Otok – Fels mit Baum

Öffnungszeiten

15. Mai bis 15. Oktober, 9 bis 1 Uhr. Reservierung empfohlen.

Kontakt

Zlatan Otok, Restaurant »Bilo Idro«
Put Stjepana Radića 3
21465 Jelsa/Sveta Nedjelja
Tel.: 021-74 57 03
E-Mail: booking@zlatanotok.hr
www.zlatanotok.hr

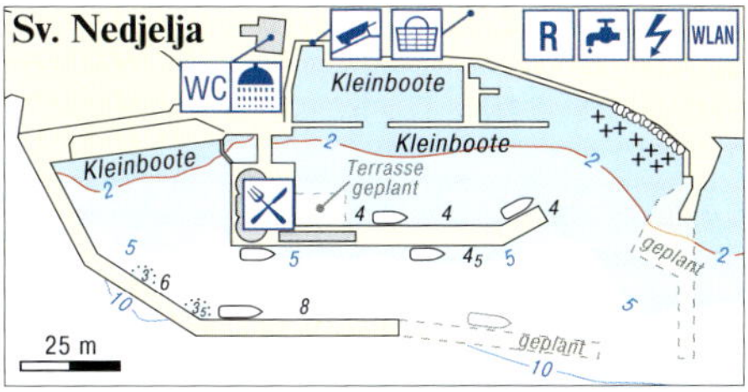

Süddalmatien

52 Halbinsel Pelješac, Trstenik: Konoba »Vitaceae«

An der Südküste des Pelješac liegt der Hafen Trstenik mit drei Gastplätzen vor der Konoba.

Die Konoba »Vitaceae« liegt am Hafen von Trstenik, einem kleinen, von Bergen umgebenen Ort an der Südküste der Halbinsel Pelješac. Zehn Kilometer nordwestlich von Trstenik wird nahe dem Bergdorf Potomje der berühmte Dingač angebaut. 2013 eröffnete der passionierte Fischer, Taucher und Koch Vedran Grbić die Konoba »Vitaceae« direkt über dem Hafen von Trstenik.

Lage und Liegeplätze

Drei Muringplätze mit Strom und Wasser gibt es vor der Konoba »Vitaceae«. Anmeldung beim Inhaber Vedran Grbić erbeten. Ab Saison 2015 hat Vedran außerdem drei Muringbojen in der Bucht von Trstenik ausgelegt.

Besonderheiten

Die Konoba »Vitaceae« zählt zu den besten Fischlokalen des Pelješac. Vedran Grbić sowie befreundete Fischer sorgen täglich für frischen Fang aus dem Meeresgebiet zwischen Pelješac und Korčula. Fleisch, Gemüse, Kräuter und Öl liefern die Bauern des Pelješac. Vedran grillt gern persönlich für seine Gäste. Seine jungen Köche zaubern mit Liebe Gerichte, die Gaumen und

Carpaccio von Thunfisch und Krake auf Rucola

Augen erfreuen. Spezialitäten sind Fischsuppe, Meeresfrüchte-Risotto, Hummer oder Muscheln mit Spaghetti, Austern, Fleischpeka, hausgemachtes Brot sowie selbst gebackener Kuchen. Genießen Sie bei einem leckeren Wein vom Pelješac oder von Korčula den exzellenten Service und den Blick von der Terrasse auf Hafen und Bucht. Vielleicht lassen Sie sich beim Gespräch mit dem sympathischen Chef Vedran auch zu einem Tauchgang oder zu einer Fahrt in die Weinberge inspirieren?

Hafenblick zum Träumen und Genießen mit einem edlen Plavac mali vom Pelješac

Fischer, Taucher und Chefkoch Vedran Grbić grillt für seine Gäste.

Öffnungszeiten

15. April bis 15. Oktober, 8 bis 23 Uhr. In der Saison unbedingt Bootsliegeplatz reservieren lassen.

Kontakt

Konoba »Vitaceae«
Insel Pelješac
20245 Trstenik
Mobil: 098-42 86 75
E-Mail: diving@freaky-diving.com

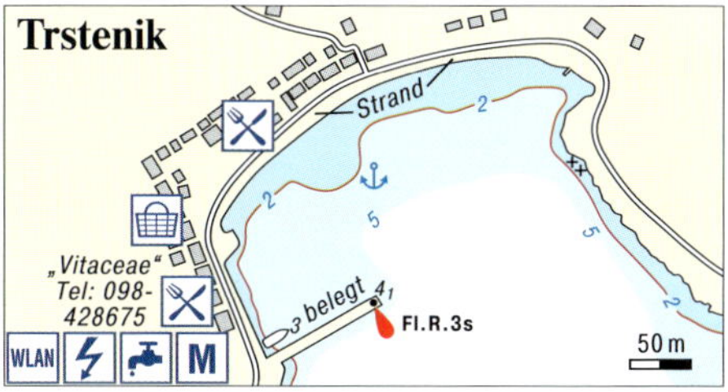

53 Insel Mljet, Bucht Prožura: Konoba »Marijina«

Fisch, Fleisch und Schalentiere werden nach überlieferten Rezepten im Steinofen gegart.

Die Konoba »Marijina« liegt an der Nordküste der Insel Mljet im südöstlichen Teil der pittoresken Bucht Prožura. Der Fischer und Bauer Nikola Belin, dessen Familie ursprünglich aus Mali Ston stammt, zog Anfang der 1980er-Jahre mit seiner Frau Marija von einem Bergdorf auf der Insel Mljet in das neu gebaute Haus an der Bucht Prožura direkt am Wasser. Mitte der 1980er-Jahre eröffneten sie auf ihrem Anwesen mit Tochter Ane die Konoba »Marijina«. Sohn Marko und dessen Frau Marijanka sind inzwischen mit im Boot und steuern die Konoba weiter auf Erfolgskurs.

Lage und Liegeplätze

Yachten machen einfach am hauseigenen Steg oder an den Bojen der Konoba »Marijina« im südöstlichen Teil der Bucht Prožura fest.

Besonderheiten

Im »Marijina« wird die traditionelle Inselküche gepflegt. Köchin Marija hat dafür die Rezepturen ihrer Großeltern und Eltern verfeinert und weiterentwickelt. Die Besonderheit der Küche sind die Steinöfen. In diesen werden Fisch oder Fleisch – zuvor mit Inselkräutern, Gewürzen und selbst gepresstem Öl angemacht – im eigenen Saft gegart oder in Weißweinsoße gedünstet. Spezialitäten sind Fisch- und Hummereintopf, schwarzes Tintenfischrisotto, frische oder gratinierte Austern, Ziegenbraten, Wildschweinpeka, Drachenkopf

Die beliebte Konoba »Marijina« liegt im Südosten der Bucht Prožura.

auf Kartoffeln und Gemüse, Garnelen oder Muscheln in Buzara, geschmorter Hummer mit Spaghetti und hausgemachte Desserts. Das Ambiente mit Blick über die Bucht und auf Pelješac in der Ferne ist hervorragend.

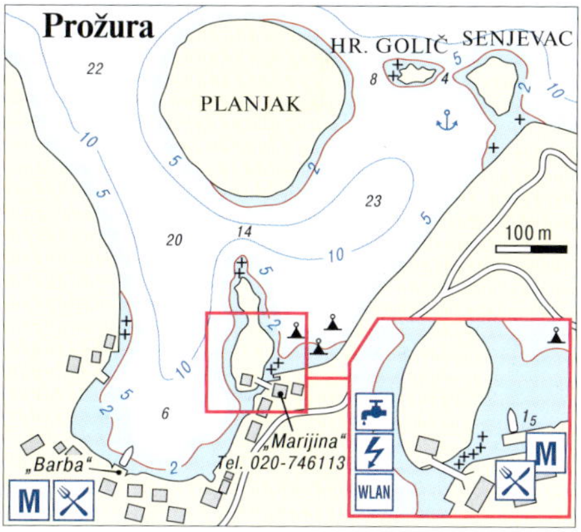

Öffnungszeiten

1. April bis 31. Oktober, 9 bis 24 Uhr. Reservierung empfohlen.

Kontakt

Konoba »Marijina«
Insel Mljet
Bucht Prožura
20224 Maranovići
Tel.: 020-74 61 13
E-Mail: marijina.konoba@gmail.com

54 Insel Mljet, Bucht Okuklje: Konoba »Maran«

»Maran«-Käpt'n Rajko hilft beim Anlegen, bedient mit Herz und verbreitet gute Laune.

Das »Maran« liegt an der Nordküste der grünen Insel Mljet in der ältesten Siedlung Okuklje. Im nordöstlichen Teil der Bucht befindet sich die hauseigene Pier, die Schutz vor allen Winden bietet. Seit 1998 betreibt das schweizerisch-kroatische Ehepaar Marlis und Rajko Božanja die Konoba »Maran« und pflegt eine überaus freundliche und familiäre Atmosphäre. Die über viele Jahre hinweg gleich bleibend hohe Qualität ist die wichtigste Visitenkarte des »Maran«. Inzwischen stieg Sohn Silvio mit an Bord und lotst die Gäste mit Leidenschaft durch das lukullische Meer.

Lage und Liegeplätze

Yachten machen an der hauseigenen Pier des »Maran« fest oder ankern in der Bucht Okuklje.

Besonderheiten

Dalmatinische Tradition mit einem Hauch schweizerischen Einflusses bestimmt die Küche des »Maran«. Fisch und Schalentiere stammen von lokalen Fischern. Fleisch, Gemüse und Kräuter kommen von der Insel Mljet. Kalt gepresstes Olivenöl wird selbst produziert. Erfahrene Köche zaubern daraus Drachenkopfeintopf, schwarzes Tintenfischrisotto, Muscheln und Hummer mit Spaghetti, Garnelencocktail, Fisch- oder Fleischpeka sowie Palatschinken in Weinschaumsoße.

Die Crew um Rajko Božanja strahlt immer gute Laune aus. Und der sympathische Chef hat stets einen guten Tropfen in seinem Weinkeller. Von der schönen Terrasse über dem Yachtanleger haben die Gäste einen herrlichen Blick über die Bucht.

Sicher bei allen Wetterlagen: die Bucht Okuklje, rechts der Anleger des »Maran«

Öffnungszeiten

1. April bis 31. Oktober, 9 bis 24 Uhr. Während der Saison Reservierung empfohlen.

Kontakt

Konoba »Maran«
Insel Mljet
Bucht Okuklje
20224 Maranovići
Tel.: 020-74 61 86
E-Mail: rajkobozanja@gmail.com
www.okuklje-maran.com

Unwiderstehlich: Languste auf Spaghetti

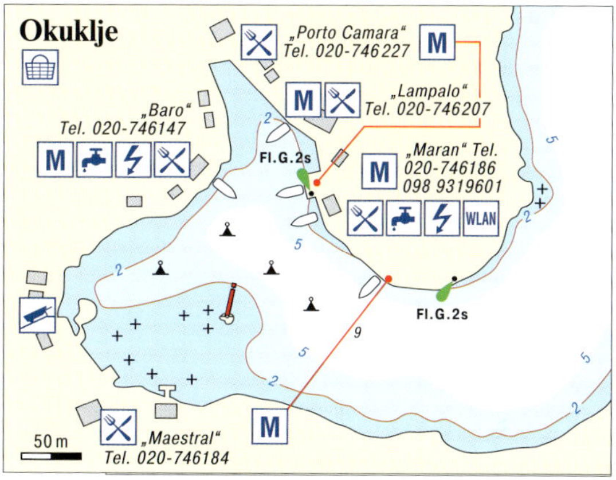

55 Insel Mljet, Bucht Podškolj: Restaurant »Stermasi«

Beste mediterrane Küche, erlesene Weine und ein weiter Blick bis zu den Elaphiten-Inseln

Das »Stermasi« liegt in der Bucht Podškolj im Osten der Insel Mljet. Seit 2002 betreibt Maria Stermasi mit ihren Söhnen Adrian und Astrit das Restaurant auf dem Familienanwesen. Allein schon das Haus auf dem Steilhang über dem Meer, beschattet von hundertjährigen Pinien, die eigene Badestelle mit kristallklarem Wasser und der weite Blick bis nach Dubrovnik sind grandios.

Maria sammelte kostbare Erfahrungen als Gastronomin in Paris, Basel, Berlin und Stuttgart, während Adrian vier Jahre in Hamburg kellnerte. Er ist leidenschaftlicher Fischer und Sommelier; mit seiner charmanten Art kümmert er sich um die Gäste. Astrit sorgt im Hintergrund für einen unvergesslichen Aufenthalt.

Lage und Liegeplätze

Yachten machen an einer der fünf hauseigenen Bojen des »Stermasi« fest oder ankern in der Bucht Podškolj. Es wird empfohlen, eine Boje telefonisch im Voraus reservieren zu lassen.

Besonderheiten

Familie Stermasi vertritt die Philosophie, dass man mit den Schätzen der Natur, vor allem mit Tieren und Pflanzen, ökologisch umgehen muss. Im Restaurant »Stermasi« werden darum nur Lebensmittel verwendet, die aus biologischem Anbau von der Insel Mljet stammen. Frischer Fisch und Meeresfrüchte werden täglich mit dem eigenen Boot angelandet. Neben lokalem Obst und Gemüse kommen Kräuter

Bojenliegeplatz in der Bucht Podškolj unterhalb des Restaurants »Stermasi«

aus dem eigenen Biogarten sowie selbst gepresstes Olivenöl von eigenen Bäumen zum Einsatz. Bevorzugtes Fleisch sind Ziege und Wildschein von Mljet.
Spezialitäten sind hausgemachte Nudeln, Ziegenkäse in Öl, Austern, Fisch vom Grill oder gekocht, Oktopuspeka, Wildschweinragout mit hausgemachten Gnocchi, Muscheln in Buzara, Hummer mit Spaghetti sowie Ziegen- und Gemüsepeka. Genießen Sie bei bestem Essen die Freundlichkeit und Zuvorkommenheit der Crew, die erlesenen Weine und den Blick über das Meer zu den Elaphiten-Inseln.

Öffnungszeiten

Ganzjährig, 8 bis 23 Uhr. Reservierung empfohlen.

Kontakt

Restaurant »Stermasi«
Insel Mljet
Bucht Podškolj
Saplunara 2
20224 Maranovići
Tel.: 098-939 03 62
E-Mail: stermasi@stermasi.hr
www.stermasi.hr

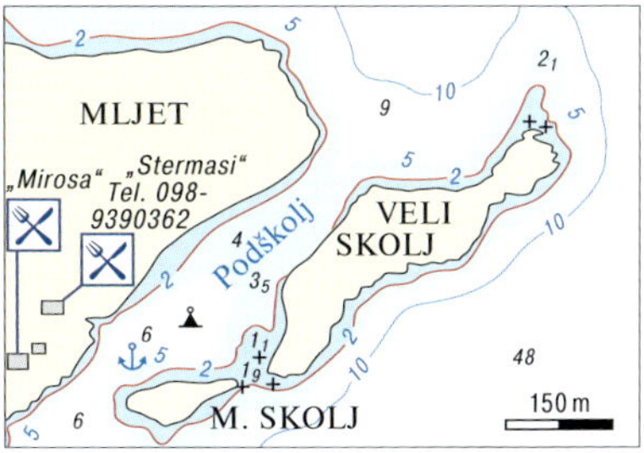

56 Halbinsel Pelješac, Bucht Kobaš: Fischerhaus »Niko«

Das Paradies heißt Kobaš: Anleger vor dem Fischerhaus »Niko«

Das Fischerhaus »Niko« liegt im Scheitel der Bucht Kobaš am Westufer des Stonski Kanals. Seit dem 16. Jahrhundert lebt Familie Bilić als Fischer und Bauern auf dem östlichen Zipfel der Halbinsel Pelješac. Die Brüder Niko und Ante Bilić betreiben seit 1995 mit ihren Familien das originelle Fischerhaus mit einer kleinen Ausstellung ehemaliger Arbeitsgeräte und alter Bilder. Schon als Kinder hatten Niko und Ante Freude am Fischen und Kochen. Heute kocht Ante mit Leidenschaft nach den Rezepten der Mutter und backt im Ofen das eigene Brot. Um die Gäste kümmert sich Niko.

Lage und Liegeplätze

Yachten machen am Steg des Fischerhauses »Niko« fest oder ankern in der Bucht Kobaš.

Besonderheiten

Das »Niko« bietet traditionelle Fischerküche, wie sie von den Vorfahren überliefert ist. Lokale Fischer bringen fangfrischen Fisch und Schalentiere. Im eigenen Garten wachsen Biogemüse, Kräuter und Gewürze. Eigene Olivenbäume und Steinterrassen mit Weinstöcken sorgen für authentisches Öl und hauseigenen Plavac mali aus ökologischem Anbau. Fleisch liefern loka-

Terrasse mit Blick zum Liegeplatz

Brüderlich vereint: Küchenchef Ante und Kellner und Entertainer Niko

le Bauern. Aus den mediterranen Zutaten zaubert Chefkoch Ante nach überlieferten sowie eigenen Rezepten meisterhafte Fischgerichte. Spezialitäten sind Hummereintopf, Muschelrisotto, Garnelen oder Hummer mit Spaghetti, Seeigelrogen, Austern, Fischplatten, Lammpeka und gegrilltes Gemüse. Wenn im urigen Ambiente des Fischerhauses zu fortgeschrittener Stunde Entertainer Niko den Plavac mali nachschenkt, herrscht meist eine ausgelassene Stimmung.

Öffnungszeiten

Ganzjährig, 8 bis 24 Uhr. Während der Saison Reservierung empfohlen.

Kontakt

Fischerhaus »Niko«
Halbinsel Pelješac
Kobaš 2
20230 Ston
Tel.: 020-75 47 74
E-Mail: ribarskakuca@live.com
www.ribarskakuca.com

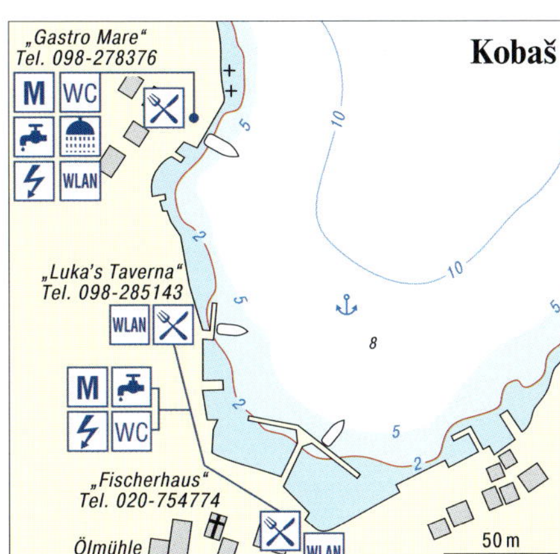

57 Halbinsel Pelješac, Bucht Kobaš: »Luka's Taverna«

Meeresfrüchteteller mit Sardellen, Tintenfischsalat, Austern und selbst eingelegten Kapern

»Luka's Taverna« liegt am westlichen Ufer der Bucht Kobaš (Westufer Stonski Kanal). Das ursprüngliche Fischerdorf Kobaš besteht aus etwa einem Dutzend Häusern. Einige der Steinhäuser sind über 500 Jahre alt. Dort leben noch etwa zwölf Menschen, zum Teil ganzjährig. Im Zentrum des Dorfes stehen eine Kapelle und eine alte Ölmühle im dichten Grün der Insel versteckt. Seit 1985, wegen des Jugoslawienkrieges mit Unterbrechung von 1991 bis 1996, betreibt der sympathische und witzige Inhaber Luka Duraš seine liebevoll eingerichtete und nach ihm benannte Taverne.

Luka bedient mit Witz und Charme.

Lage und Liegeplätze

Yachten machen an der Pier vor »Luka's Taverna« fest oder ankern in der Bucht Kobaš.

Besonderheiten

In »Luka's Taverna« werden überwiegend Fischgerichte nach alter Tradition zubereitet. Chefköchin Katija Bjelančić verarbeitet den frischen Fang mit viel Liebe und den Aromen heimischer Kräuter, Gewürze und Olivenöl zu mediterranen Leckereien.

Yachten können direkt vor »Luka's Taverna« mit Murings anlegen.

Spezialitäten sind Fischsuppe, Meeresfrüchteteller, selbst eingelegte Kapern und Sardellen, Risotto mit Garnelen, Tintenfischsalat, Austern, Muscheln mit Spaghetti und Fischplatte mit gegrilltem Gemüse und Kartoffeln. Dazu wird Hauswein vom Pelješac gereicht. Der Charme und Witz des Alt-Hippies Luka machen einen Abend in der Taverna zu einem unvergesslichen Erlebnis.

Öffnungszeiten

15. April bis 1. November, 9 bis 24 Uhr. Im Sommer Reservierung erwünscht.

Kontakt

»Luka's Taverna«
Halbinsel Pelješac
Kobaš 3
20230 Ston

Tel.: 098-28 51 43
E-Mail: lukastaverna@gmail.com
www.lukastaverna-kobas.com

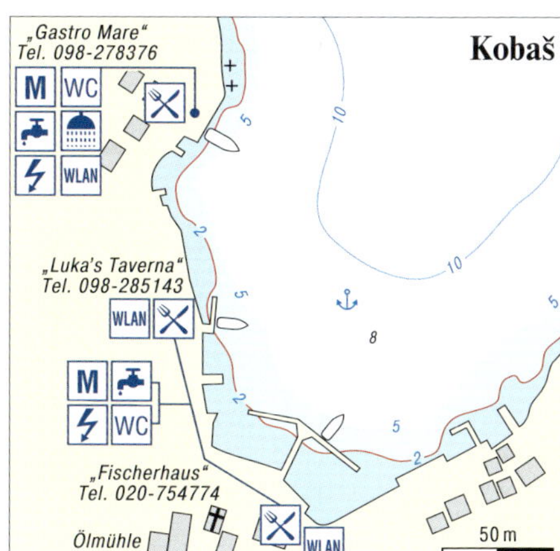

58 Halbinsel Pelješac, Bucht Kobaš: »Gastro Mare«

Gourmettempel »Gastro Mare« mit eigenen Yachtliegeplätzen

Das Gourmetrestaurant »Gastro Mare« liegt im Nordwesten der Bucht Kobaš (Westufer Stonski Kanal). Inhaber Ante Bjelančić (Bjelko) verbrachte seine Kindheit im Fischerdorf Kobaš, lernte fischen, kochen und Gemüse anzubauen. Später, als ausgebildeter Koch, war er Küchenchef auf Kreuzfahrtschiffen sowie in Toprestaurants in Amerika und Skandinavien. Seine traditionellen Kochkünste nach bewährten Rezepten seiner Eltern verfeinert er mit den Raffinessen der gehobenen internationalen Küche.

Nach Jahren im Ausland kehrte Bjelko zu seinen Wurzeln in die Kobaš zurück, baute ein Haus und eröffnete 2006 mit Partnerin Spomenka Felmanović, einer Weinkennerin, das »Gastro Mare«.

Lage und Liegeplätze

Yachten machen an der Pier des »Gastro Mare« fest oder ankern in der Bucht Kobaš.

Besonderheiten

Das »Gastro Mare« schlägt eine Brücke zwischen traditioneller Fischerküche und internationalem Gourmetrestaurant. Nur fangfrischer Fisch und Meeresfrüchte, erntefrisches Gemüse, Kräuter und Gewürze aus eigenem Garten oder vom lokalen Markt kommen in die Küche. Olivenöl stammt aus heimischem Ökoanbau. Bestes Fleisch wird von Höfen in der Umgebung geordert. Aus den frischen Zutaten werden die Menüs täglich neu kreiert. Brot und Fladenbrot mit Kapern kommen aus dem eigenen Backofen. Das Menü, welches aus

Erntefrisches in der Showküche und Restaurantplätze mit Seeblick

fünf Gängen besteht, wird vorab mit den Gästen besprochen. In der Showküche mit Tresen, auf dem die Zutaten dekorativ ausgebreitet sind, kann man Gourmet Bjelko und seinen Köchen zusehen. Spezialitäten sind Austern in Petersiliensoße, Shrimps-Tatar, Scampi-Risotto, Fischeintopf, Kalbfleisch mit gedünstetem Gemüse sowie Fischfilet mit Kartoffeln, Zwiebeln und süßer Pfeffermarmelade. Freuen Sie sich auf den Begrüßungsschluck an Bord Ihrer Yacht und ein Gourmetdinner mit erlesenen Weinen in traumhaftem Ambiente.

Öffnungszeiten

1. April bis 31. Oktober, 12 bis 24 Uhr. Reservierung erforderlich.

Kontakt

Restaurant »Gastro Mare«
Insel Pelješac, Kobaš 4
20230 Ston
Tel.: 099-261 71 71
E-Mail: info@gastromare.net
www.gastromare.net

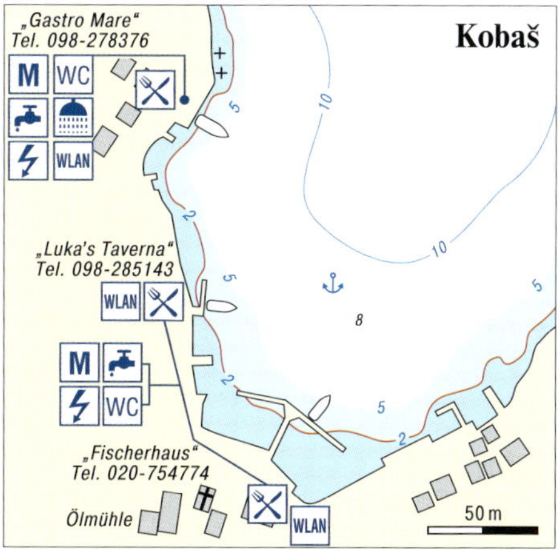

59 Halbinsel Pelješac, Mali Ston: »Kapetanova Kuća«

Das ehemalige Kapitänshaus in Mali Ston ist berühmt für seine Austern.

Das international bekannte Austernrestaurant »Kapetanova Kuća« liegt im geschichtsträchtigen Mali Ston an der Landenge, die den Pelješac mit dem Festland verbindet. Die 1333 gegründete Stadt ist von der längsten Schutzmauer Europas umgeben. Der Name »Kapetanova Kuća« (Kapitänshaus) geht auf die Dubrovniker Republik zurück, als hier der Sitz der Kapitäne der Wache von Mali Ston war. 1986 eröffnete Familie Kralj nach der Idee des Besitzers Ante Kralj dort ein Restaurant. Nach Antes Tod übernahmen sein Bruder Željko und dessen Frau Lidija erfolgreich das Ruder.

Lage und Liegeplätze

Yachten ankern entweder vor Mali Ston oder machen im Stadthafen von Ston fest. Von Ston gelangt die Crew nach 1,7 Kilometer Fußweg oder per Taxi zum »Kapetanova Kuća«.

Besonderheiten

Die vor Mali Ston gezüchteten Austern zählen zu den besten des Mittelmeeres. Das »Kapetanova Kuća« liegt direkt am Meeresarm Kuta, wo sich die Austernfarmen befinden. Hier gibt es die vorzüglichen Stonaustern erntefrisch aus dem Meer. Üblicherweise werden sie frisch mit Zitrone geschlürft.

Das Restaurant bietet außerdem Fisch und Schalentiere an. Die kreative Chef- und TV-Köchin Lidija Kralj verbindet traditionelle Küche mit eigenen Schöpfungen. Spezialitäten sind neben frischen auch gratinierte Austern, Fischplatten, Thunfisch-Carpac-

Die Austern von Ston zählen angeblich zu den besten der Welt.

cio, selbst gemachte Nudeln mit Garnelen, Risotto mit Meeresfrüchten, Rosenkuchen und Nudelkuchen mit Nussfüllung. Dazu werden die besten Weine des Pelješac gereicht.

Öffnungszeiten

Ganzjährig, 10 bis 23 Uhr. Während der Saison Reservierung empfohlen.

Kontakt

Restaurant »Kapetanova Kuća«
Insel Pelješac
Mali Ston
Kroz polje
20230 Ston
Tel.: 020-75 45 55
E-Mail: ostrea.info@ostrea.hr
www.ostrea.hr

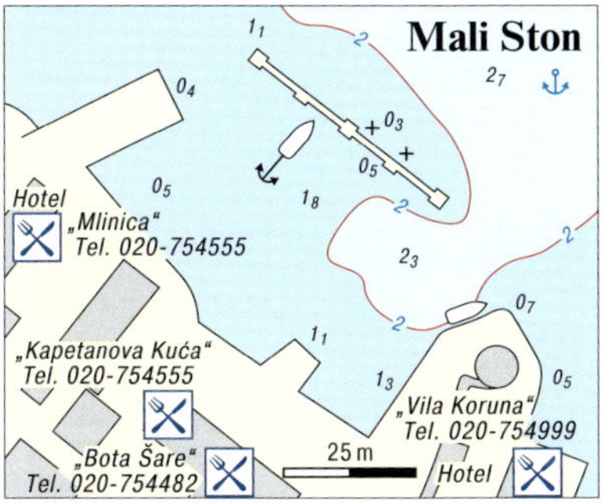

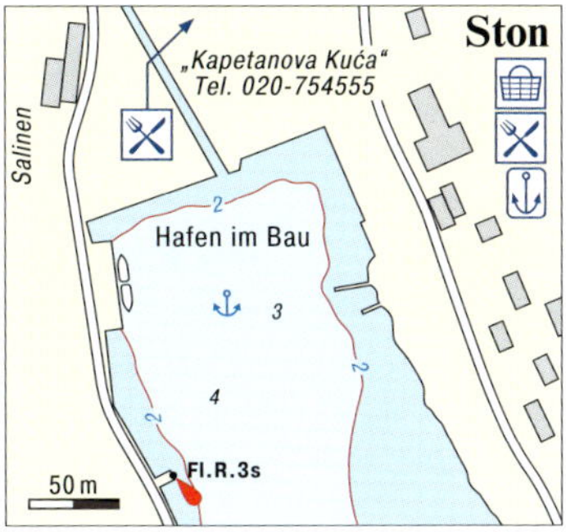

60 Slano: Restaurant: »Mirakul«

Nikša Bandur: Fisch, Schalentiere und Meeresfrüchte aus dem Elaphiten-Archipel

Das »Mirakul« liegt am nördlichen Ufer der Bucht Slano am Strand von Grgurići und gilt als eines der besten Restaurants zwischen Dubrovnik und Ston. 1969 eröffnete Familie Dobroslavić das Lokal unter dem Namen »Vrelo«, was sinngemäß »Kochplatz« bedeutet. Tochter Dragica half ihren Eltern in der Küche und Schwiegersohn Nikša Bandur kellnerte mit Profession und Leidenschaft. Inzwischen übernahmen Dragica und Nikša Bandur das Steuer und führen die Familientradition fort.

Lage und Liegeplätze

Yachten können im Stadthafen Slano anlegen, von wo aus man zehn Minuten zum »Mirakul« geht. Alternativ kann man in der Bucht Slano ankern, sollte dann aber die Flachstellen südöstlich vom »Mirakul« beachten.

Besonderheiten

Das »Mirakul« bietet dalmatinische Küche mit Fisch und Meeresfrüchten aus dem Elaphiten-Archipel, Fleisch von heimischen Höfen, Obst und Gemüse aus ökologischem Anbau sowie Kräuter, Gewürze und Olivenöl aus eigenem Garten oder von den Hainen der Region. Spezialitäten sind Meeresfrüchtesalat, gebratener

Bucht von Slano, »Mirakul« am rechten Ufer

Sitzplätze unter Schatten spendenden Palmen, Oliven und Oleandern im »Mirakul«

Tintenfisch, schwarzes Risotto mit Meeresfrüchten, rohe Austern und Muscheln, Lammkotelett, Fisch- oder Fleischpeka mit Gemüse und hausgemachte Süßspeisen. Zur Mahlzeit empfiehlt der Chef lokale Weine vom Pelješac oder von Korčula. Genießen Sie die romantische Atmosphäre auf der Terrasse unter Schatten spendenden Palmen, Oliven und Oleandern mit Blick durch das üppige Grün auf die Bucht.

Öffnungszeiten

1. Mai bis 30. September, 11 bis 24 Uhr. Reservierung empfohlen.

Kontakt

Restaurant »Mirakul«
Grgurići 4
20232 Slano
Tel.: 020-87 10 20
E-Mail: drbandur@gmail.com

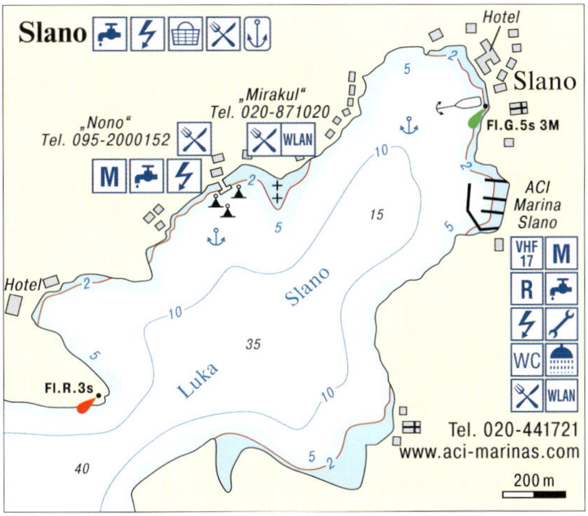

61 Insel Šipan, Bucht Šipanska Luka: Konoba »Kod Marka«

Die einladende Terrasse des Gourmetrestaurants ist auf die Bucht hinaus gebaut.

Das »Kod Marka« liegt auf der größten Elaphiten-Insel Šipan, in der mit Palmen gesäumten Bucht Šipanska Luka. Die Familie des heutigen Spitzenkochs Marko Prižmić zog in den 1930er-Jahren von Korčula auf die Fischerinsel Šipan. Marko arbeitete sein Leben lang in Restaurantküchen und als Restaurantmanager. Mitte der 1990er-Jahre sollte er eigentlich in Ruhestand gehen, fühlte sich jedoch noch voller Energie. Mit seiner Frau Lucija eröffnete er 1995 die Konoba »Kod Marka«, die schnell zu den besten Lokalen in Kroatien avancierte. Sohn Đino stieg mit ein und hat inzwischen das Steuer übernommen. Marko eröffnete 2013 etwa 300 Meter entfernt im Scheitel der Bucht neben dem Hotel Šipan sein neues Restaurant »Dubravka«.

Tintenfischfrikadellen an Oliven und Rucola

Lage und Liegeplätze

Yachten machen an einer der drei Bojen des »Kod Marka« fest oder ankern in der Bucht Šipanska Luka. Muring-Liegeplätze gibt es am NE-Ufer hinter dem Wellenbrecher, Tel.: 098-956 30 80.

Besonderheiten

Das »Kod Marka« bietet Meeresküche in fantasievollen Variationen. Für frischen Fang sorgen die Fischer von Šipan. Obst, Gemüse und Kräuter werden im eigenen Garten hinter der Konoba biologisch angebaut. Das Olivenöl stammt von den

Für die Yachten der Restaurantgäste gibt es eigene Bojen vor dem »Kod Marka«.

Elaphiten. Marko und Sohn Đino vertreten die Philosophie, dass man für die Gäste so exzellent kochen sollte wie für sich selbst. Es gibt nur wenige Tische, damit sich die Spitzenköche um jeden Gast individuell kümmern können. Spezialitäten sind Fischeintopf, Tintenfischfrikadelle, getrockneter Thunfisch auf Rucola, Fischrisotto, Risotto mit Hummer, Auberginen und Zucchini, Lucijas Karamellcreme und Orangentorte aus Früchten eigener Ernte. Die aufs Wasser hinausgebaute Terrasse, der Blick über die grüne Bucht und die raffiniert zubereiteten Gaben des Meeres machen den Abend im »Kod Marka« zum unvergesslichen Erlebnis.

Öffnungszeiten

1. Mai bis 31. Oktober, 11 bis 24 Uhr. Reservierung empfohlen.

Kontakt

Konoba »Kod Marka«, Insel Šipan
Šipanska Luka bb
20223 Šipanska Luka
Tel.: 020-75 80 07
E-Mail: marko.prizmic@du.t-com.hr
www.pansion-dubravka.com

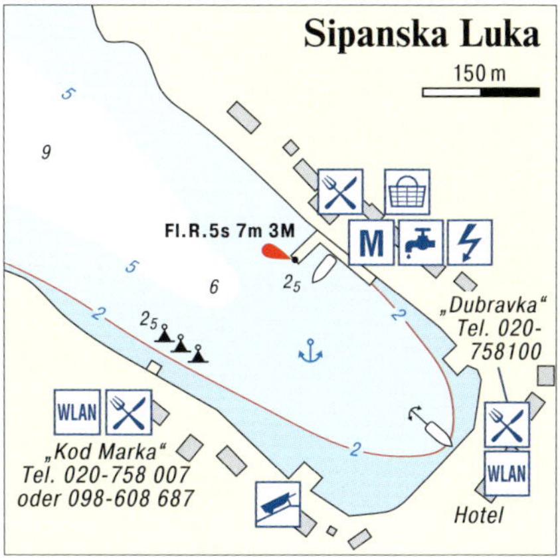

62 Insel Lopud, Lopud: Restaurant »La Villa«

Seafood vom Feinsten, direkt am Meer meisterhaft in Szene gesetzt

Das »La Villa« liegt auf der autofreien Elaphiten-Insel Lopud an der mit Palmen gesäumten Promenade des Ortes Lopud. An die schöne Villa aus dem 16. Jahrhundert grenzt der von Familie Mayneri entworfene botanische Garten mit über 100 Jahre alten Bäumen. Die Villa wurde in den 1980er-Jahren komplett saniert. In dem stilvollen Ambiente betreibt das sympathische junge Paar Mischel und Dobrila Cuculić ein Restaurant für anspruchsvolle Genießer.

Ankerplatz vor »La Villa« in Lopud

Lage und Liegeplätze

Yachten ankern in der Bucht Lopud etwa mittig vor der Promenade von Lopud. Von See aus kommend liegt das Restaurant »La Villa« backbordseitig der riesigen Palmen des ehemaligen Grand Hotels.

Besonderheiten

Neben der traditionellen dalmatinischen Küche bietet »La Villa« auch pikant würzige Speisen an. Fisch und Meeresfrüchte bringen Fischer aus dem Elaphiten-Archipel, Fleisch liefern regionale Höfe. Gemüse, Kräuter und Gewürze aus dem eigenen

Sundowner im »La Villa« beim goldenen Licht über dem Elaphiten-Archipel

Garten werden erntefrisch verarbeitet. Olivenöl aus heimischer Herstellung verfeinert die Speisen. Der Hauswein stammt aus eigener Produktion. Am offenen Feuer auf der Terrasse kann man dem Koch beim Grillen über die Schulter sehen. Spezialitäten sind Fischeintopf, gegrillter Fisch, Meeresfrüchteplatte, Shrimps-Risotto, Lammkotelett und Filetsteak mit Trüffeln. Das romantische Ambiente auf der Terrasse am Ufer der Adria ist kaum zu toppen. Von hier kann man einen wunderbaren Sonnenuntergang über dem Meer sowie den klaren Sternenhimmel über den Elaphiten genießen.

Öffnungszeiten

1. April bis 30. November, 9 bis 24 Uhr. Reservierung empfohlen.

Kontakt

Restaurant »La Villa«
Insel Lopud, Iva Kuljevana 33
20222 Lopud
Tel.: 091-322 01 26
E-Mail: contact@lavilla.com.hr
www.lavilla.com.hr

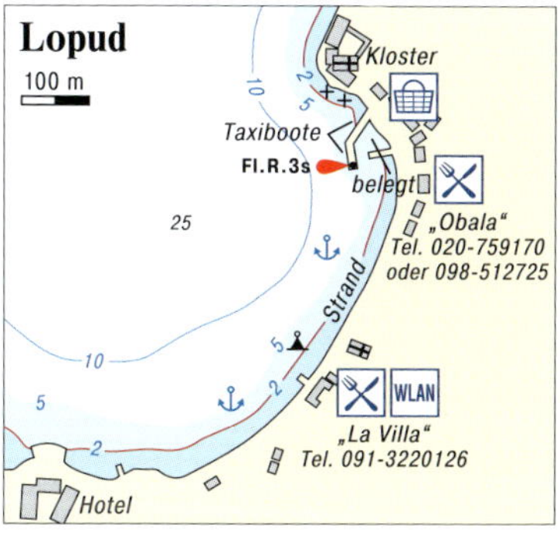

63 Zaton Veliki: Restaurant »Kasar«

Krešimir Panžda mit Austern: Fisch und Meeresfrüchte sind die Spezialitäten des »Kasar«.

Das »Kasar« liegt am der Westküste der Bucht Zaton, direkt an der Uferpromenade südlich des Stadthafens von Zaton Veliki. Das Gebäude wurde im 15. Jahrhundert errichtet. »Kasar« heißt »Kaserne« und bedeutet im übertragenen Sinne »Bootsliegeplatz«. Im heutigen Gastraum mit einer Gewölbedecke aus Vulkangestein wurden früher Fischerboote repariert. 1971 eröffnete Familie Damjanović hier ihre Konoba »Kasar«. Das herzliche Eignerpaar Valentina Damjanović Pandža und Krešimir Pandža führen das beliebte Restaurant in zweiter Generation.

Schokokuchen mit Eis als Dessert

Lage und Liegeplätze

Yachten legen an der äußeren Seite der Südmole des Hafens Zaton Veliki an oder ankern in der Bucht Zaton.

Besonderheiten

Das »Kasar« pflegt die traditionelle Küstenküche. Für fangfrischen Fisch und Meeresfrüchte sorgen Krešimir oder befreundete Fischer. Fleisch, Obst und Gemüse stammen von heimischen Bauern. Dabei

Idyllisches Ambiente: Terrasse des »Kasar« vor dem historischen Bootshaus

werden bevorzugt Produkte aus ökologischem Anbau verwendet. Mediterrane Kräuter aus dem eigenen Garten geben den Speisen die Würze, während das verwendete Öl von Oliven der Region stammt. Spezialitäten sind Carpaccio vom Blauflossenthunfisch, Sardinen in Öl mit Kapern, Fischeintopf, Fisch vom Grill, Garnelen mit Gemüse, Tintenfischrisotto, Hummer mit Spaghetti, Apfel-Kirsch-Strudel und Schokokuchen mit Eis. Zu den Speisen wird hausgemachtes Brot gereicht. Genießen Sie die Ruhe und den freundlichen Service auf der von Wellen umspülten Terrasse mit Blick auf die malerische Bucht.

Öffnungszeiten

15. April bis 31. Oktober, 9 bis 23 Uhr. Reservierung empfohlen.

Kontakt

Restaurant »Kasar«
20235 Zaton Veliki (na Batu bb)
Tel.: 020-89 12 26
E-Mail: restoran.kasar@gmail.com
www.restaurant-kasar.hr

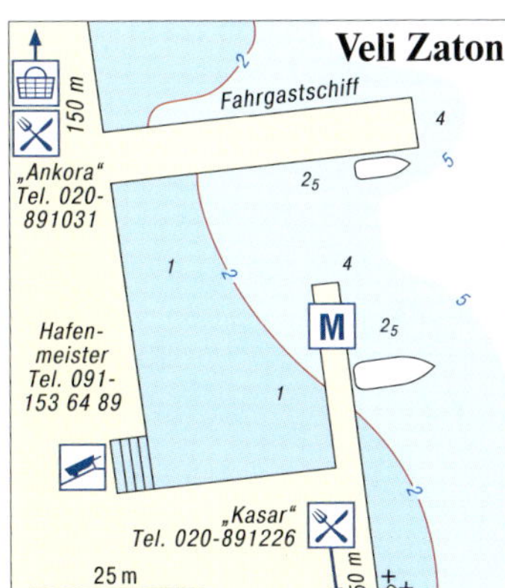

64 Dubrovnik: Restaurant »Posat«

Chefkoch Ivica Udženija präsentiert seinen Gästen den Fang des Tages zur Auswahl.

Das »Posat« liegt etwas erhöht unmittelbar vor der Stadtmauer von Dubrovnik, nur wenige Schritte vom Pile-Tor entfernt. Restaurantchef Marijo Ševelj und Küchenchef Ivica Udženija lernten sich als Kollegen in einem Dubrovniker Hotel kennen und beschlossen, in eigener Regie ein Toprestaurant zu betreiben. Seit 2004 stehen sie an der Spitze des »Posat«, das inzwischen zu den besten Adressen Dubrovniks zählt. Marijo und Ivica vertreten die simple Philosophie »Besser sein als die anderen«.

Lage und Liegeplätze

Yachten ankern vor dem Altstadthafen Dubrovnik oder machen in der ACI Marina Dubrovnik fest. Von der Marina fährt die Crew mit dem Bus oder Taxi zum Pile-Tor an der Altstadtmauer. Von dort sind es wenige Schritte zum »Posat«.

Besonderheiten

Das »Posat« kultiviert die gehobene Küche der ehemaligen Stadtrepublik Dubrovnik. Fisch und Meeresfrüchte aus der südlichen Adria sowie Obst, Gemüse und Fleisch aus der Konavle-Region sind die wichtigsten Zutaten. Chefkoch Ivica Udženija und der langjährige Koch Dražen Knežić zaubern daraus unter Verwendung mediterraner Kräuter, Gewürze und heimischen Öls Köstlichkeiten für Augen und Mund.

Spezialitäten sind marinierter Hummerschwanz, Tintenfischrisotto mit Jakobsmuscheln, Ravioli gefüllt mit Hummerfleisch, gegrillter Tintenfisch mit Spinatschaum, Fischfilet ummantelt mit schwarzen Oliven, Beefsteak in Trüffelsoße sowie Dubrovniker Karamellcreme und Schneenockerln nach Großmutters Art. Dazu werden Spitzenweine aus Süddalmatien

Goldener Wein aus dem Süden mit Blick auf die alten Stadtmauern von Dubrovnik

serviert. Genießen Sie den herrlichen Service auf der Terrasse, während das Abendlicht die Türme und Mauern der »Perle der Adria« vergoldet.

Öffnungszeiten

Ganzjährig, 9 bis 23 Uhr. Reservierung empfohlen.

Kontakt

Restaurant »Posat«
Uz Posat 1
20000 Dubrovnik
Tel.: 020-42 11 94
E-Mail: msevelj@yahoo.com
www.posat-dubrovnik.com

65 Dubrovnik: Restaurant »360°«

Traumhafter Blick auf das alte Dubrovnik mit Kirchtürmen, Stadtmauer und Hafen

Das »360°« ist ein in der alten Stadtmauer von Dubrovnik verstecktes Juwel. Über dem Altstadthafen gelegen, ist das Restaurant eine Outdooroase für gehobene Ansprüche im Herzen imposanter Architektur. Im stylishen Design zwischen geschichtsträchtigen Mauern verteilen sich die Gäste auf individuellen Terrassenplätzen mit spektakulärem Blick auf die Altstadt. Bei dezenter Illumination und Chill-out-Musik sorgt Restaurantmanager Rudolf Papac im »360°« mit viel Herz für einen Rundumgenuss für alle Sinne.

Lage und Liegeplätze

Yachten ankern vor dem Altstadthafen Dubrovnik. Vom Hafen geht man entlang der Stadtmauer auswärts in Richtung Revelin-Tor. Etwa auf halbem Wege liegt rechter Hand das »360°«.

Besonderheiten

Im »360°« verschmilzt dalmatinische Tradition mit internationaler Gourmetküche. Kreative Spitzenköche verwandeln ausgewählte Ökoprodukte wie Obst, Gemüse, Kräuter, Gewürze, Fleisch sowie fangfrischen Fisch aus Kroatien und Italien in kulinarische und visuelle Meisterwerke. Philosophie des Hauses ist, den tatsächlichen Geschmack der einzelnen Zutaten eines Gerichts unter Achtung der Jahreszeiten und der Tradition zu bewahren. Durch eine Glasfront kann man den Kochkünstlern bei ihrer Arbeit zusehen. Spezialitäten sind Rindertatar mit Kapern und grü-

Im Gourmettempel »360°« sind internationale Spitzenköche am Werk.

ner Thunfischsoße, Reis mit Parmesan und Weißen Trüffeln, Lammschulter mit Spinat und Paprika, Hummer mit Bohnen und Zwiebeln, Scampi mit Saisongemüse und überbackene Jakobsmuscheln mit knackigen Salatblättern und Zitronensoße. Der Sommelier wählt dazu den passenden Tropfen aus einem reichhaltigen Fundus hervorragender kroatischer und internationaler Weine. Das »360°« ist kein Schnäppchen für die Bordkasse. Doch der Service, die Qualität der Speisen und das einzigartige Ambiente sind es wert, der Crew einen Abend im »360°« zu gönnen.

Öffnungszeiten

1. April bis 31. Oktober, 18:30 bis 23 Uhr, montags geschlossen. Reservierung notwendig!

Kontakt

Restaurant »360°«
Svetog Dominika BB
20000 Dubrovnik
Tel.: 020-32 22 22
E-Mail: reservations@360dubrovnik.com
www.360dubrovnik.com

Restaurant mit 360°-Rundumblick

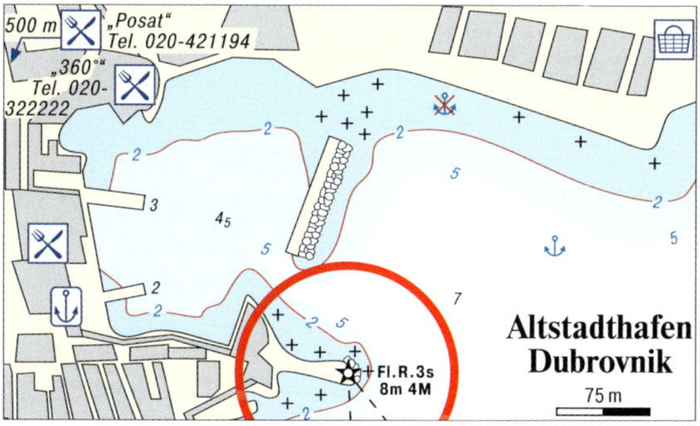

66 Cavtat: Taverna »Galija«

Garnelen mit Honig sind eine delikate Spezialität der Taverna »Galija«.

Das »Galija« liegt am nördlichen Ende der Stadtmole von Cavtat, wo der Hügel der bewaldeten Halbinsel Rat beginnt. Die alte Mole sowie viele Steinhäuser, z.B. das angrenzende Franziskanerkloster, stammen aus der Dubrovniker Republik. 1978 eröffneten Mislav Burđelez und seine Schwester Ivana das »Galija« in dem vom Vater geerbten 300 Jahre alten Haus. Der Bootsbauer, Fischer und Segler Mislav studierte Kochbücher, modifizierte Rezepte und ließ sich zu neuen Kreationen inspirieren. Sein Konzept hatte Erfolg. Schon bald musste er das Restaurant auf die Freifläche unter den alten Pinien erweitern. Mislavs außergewöhnliche Kreationen qualifizierten das Restaurant zu einem der besten in Süddalmatien.

Lage und Liegeplätze

Yachten machen im Stadthafen Cavtat fest oder ankern südlich davon in der Bucht. Alternativ ankern sie in der östlich gelegenen Bucht Tiha. Zu Fuß geht es entlang der Stadtmole zum »Galija«.

Besonderheiten

Im »Galija« kombiniert Chefkoch Mislav traditionelle dalmatinische Küche mit eigenen Kreationen. Fisch und Meeresfrüchte fängt er mit dem eigenen Boot täglich frisch. Das verwendete Biogemüse stammt aus der nahen Konavle-Region, die Kräuter und Gewürze sind frisch aus dem eigenen Garten. Fleisch und Olivenöl liefern heimische Höfe. Mislavs Spezialitäten sind Garnelen in Honig oder mit Bananen und Currysoße, Fischeintopf,

Lauschiges Restaurant unter einem Piniendach mit Blick auf die Hafenbucht

Platten mit rohen Garnelen, Muscheln, Thunfischtatar, Seeigelrogen, Meereiern und Austern sowie gebackener Hummer mit Kartoffeln und Gemüse, gebackenes Fischfilet und Jakobsmuscheln mit Mozzarella, hausgemachte, mit Hummer gefüllte Ravioli in Seeigelsoße und in Dingač-Wein gekochtes Rumpsteak. Die delikaten Kreationen des Chefkochs sind ein einzigartiger Genuss – besonders wenn man bei Kerzenschein unter den alten Pinien sitzt und auf die Hafenbucht schaut.

Öffnungszeiten

1. April bis 31. Oktober, 11 bis 24 Uhr. Reservierung notwendig.

Kontakt

Taverna »Galija«
Vuličevićeva 1
20210 Cavtat
Tel.: 020-47 85 66
E-Mail: mislav.burdjelez@du.t-com.hr
www.galija.hr

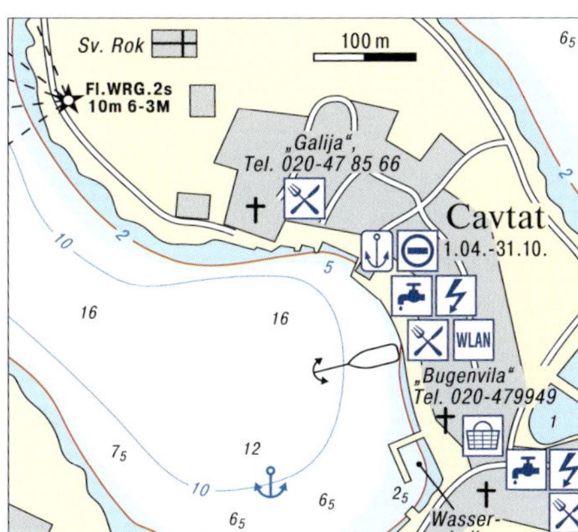

67 Cavtat: Restaurant »Bugenvila«

Internationaler Spitzenkoch Łukasz Widomski als Gourmetkünstler im »Bugenvila«

Das »Bugenvila« befindet sich im Herzen Cavtats, an der mit Palmen gesäumten Uferpromenade. Hier liegen die Motor- und Segelyachten, meist auch Megayachten. Cavtat ist Grenzhafen von bzw. nach Montenegro, doch es gibt mehrere Gründe, länger zu bleiben. Einer davon ist das »Bugenvila«. Das junge und charmante Paar Monika und Igor Korousic eröffnete das Restaurant 2012 in allererster Lage an der Flaniermeile. Ein mutiger Schritt, denn die Meile ist mit unzähligen Restaurants gespickt. Mit viel Engagement, handverlesenem Personal und Liebe zum Detail auf allen Ebenen gelang ihnen sofort der Sprung in die Gourmetklasse.

Das Auge isst mit: Vorspeisen am Meer.

Lage und Liegeplätze

Yachten machen im Stadthafen Cavtat fest oder ankern südlich davon in der Bucht. Alternativ ankern sie in der östlich gelegenen Bucht Tiha.

Besonderheiten

Das »Bugenvila« bietet internationale Gourmetküche mit lokalen Zutaten. Professionelle Spitzenköche, die aus ganz Europa kommen, haben hier freie Hand für Innovationen. Je nach Tagesangebot der lokalen Fischer und Bauern kreieren sie täglich neue farbenfrohe, künstlerische

Das »Bugenvila« liegt nur wenige Schritte vom Yachtanleger entfernt an der Flaniermeile von Cavtat.

Gaumenkitzel in Perfektion. Die Gourmetkünstler lassen sich gern durch Fenster über die Schulter sehen. Spezialitäten sind Trüffelcremesuppe, Tintenfisch-Carpaccio, Risotto mit Trüffeln oder Hummerrisotto, hausgemachte Pasta mit Drachenkopfstücken, Mangold und Tomaten, Spaghetti mit Venusmuscheln, Schokotorte und Mojito-Sorbet mit Waldfrüchten. Dazu wird hausgebackenes Brot gereicht. Ein zuvorkommender Service begleitet das Fest für Augen und Gaumen in entspannter Atmosphäre. Genießen Sie beim Dinner mit dalmatinischem Wein den Blick auf die Yachten und das Schaulaufen auf der Promenade.

Öffnungszeiten

1. April bis 31. Oktober, 8 bis 1 Uhr. Reservierung notwendig.

Kontakt

Restaurant »Bugenvila«
Obala A. Starčevića 9
20210 Cavtat
Tel.: 020-47 99 49
E-Mail: bugenvila.cavtat@gmail.com
www.bugenvila.eu

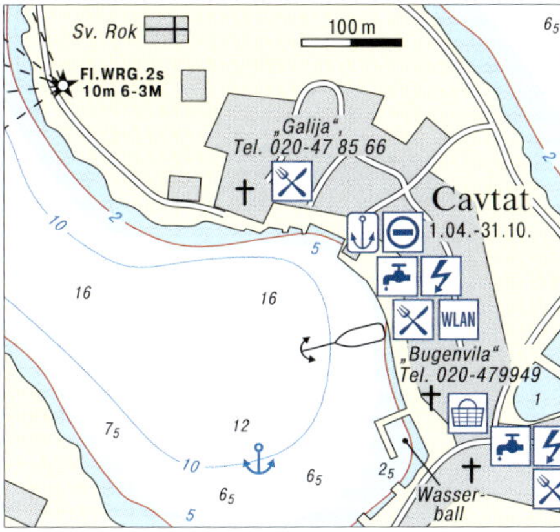

Kulinarisches Wörterbuch

Hrvatski – Kroatisch	**Njemački – Deutsch**
Riba	**Fisch**
brancin	Seebarsch
butarga, ikra	Fischrogen
cipal	Meeräsche
gof	Gelbschwanzmakrele, Große Bernsteinmakrele
grdobina	Seeteufel
inćun	Sardelle, Anchovis
jadranska riba	Adriafisch
kirnja	Zackenbarsch
komarča, orada	Goldbrasse, Dorade
kovač, šampijero, šanpjer	Petersfisch
list	Seezunge
morski pas	Haifisch
oslić	Seehecht
palamida	Pelamide, Bonito
papalina	Sprotte
raža	Dornrochen, Rajiformes
riba 1. kategorije	Fisch erster Klasse
romb	Steinbutt
sabljarka	Schwertfisch
salpa	Goldstrieme, Goldstriemenbrasse
škarpina	Roter Drachenkopf
skuša	Makrele

Hrvatski – Kroatisch	**Njemački – Deutsch**
smuđ	Zander
srdela	Sardine
tabinja	Gabeldorsch
trlja	Rotbarbe
tuna	Thunfisch
ugor	Seeaal, Meeraal
zubatac	Zahnbrasse

Školjkaši	**Schalentiere**
dagnje	Miesmuscheln
hlap	Hummer
hobotonica	Oktopus
jastog	Languste
kamenice	Austern
kapesante, jakobove kapice	Jakobsmuscheln, Pilgermuscheln
kozice	Shrimps, Garnelen (größere), Krabben (kleinere)
lignje	Kalmare
morski ježevi	Seeigel
morski pauk	Meeresspinne
prstaci	Steinbohrermuscheln
puževi	Schnecken
sipa	Tintenfisch
škampi	Scampi
vongole	Venusmuscheln

Hrvatski – Kroatisch	**Njemački – Deutsch**
Meso	**Fleisch**
govedina	Rindfleisch
janjetina	Lammfleisch
jetrica (džigerica)	Leber
kotlet	Kotelett
kozlić	Zicklein
odrezak	Schnitzel
steak	Steak
svinjetina	Schweinefleisch
vepar	Wildschwein

Povrće	**Gemüse**
artičoki	Artischocken
bob	Saubohne, dicke Bohne
brokula	Brokkoli
broskva, kelj	Grünkohl
blitva	Mangold
celer	Sellerie
cvjetača (kaul, kavul)	Blumenkohl
divlja šparoga	wilder Spargel
grah (fažol)	Bohnen
grašak	grüne Erbsen
kiseli kupus	Sauerkraut
krastavac	Gurken
krumpir	Kartoffel
kupus	Kohl
melanzane (balančane)	Aubergine
mrkva	Möhre
paprika	Paprika

Hrvatski – Kroatisch	**Njemački – Deutsch**
rajčica (pomidor)	Tomate
rikula	Rucola
rotkvica	Rettich
tikvice	Zucchini
vlasac	Schnittlauch
zelena šparoga	grüner Spargel

Začini	**Gewürze**
bosiljak	Basilikum
češnjak	Knoblauch
cimet (kanela)	Zimt
crveni luk (kapula)	Zwiebel
kadulja	Salbei
kapari	Kapern
komorač	Fenchel
lavanda	Lavendel
lovor	Lorbeer
mirta	Myrte
motar, motrika	Meerfenchel
mravinac, origano	Oregano
papar	Pfeffer
peršin (petrusin)	Petersilie
ružmarin	Rosmarin
sol	Salz
tartuf	Trüffel

Hrvatski – Kroatisch	**Njemački – Deutsch**
Prilog	**Beilage**
miješana salata	gemischter Salat
riža	Reis
salata od kupusa	Krautsalat
slani krumpir (lešo)	Salzkartoffel

Jela	**Gerichte**
brudet, brodet	Fischeintopf (gewürzt, rot, mit viel Zwiebel)
buzara	Meeresfrüchte-gericht
crni rižot	Tintenfischrisotto
gregada, lešada	Fischeintopf (leicht), Fischbrühe
juhe	Suppen
njoki	Gnocchi
pašta	Pasta, Nudeln
pod pekom, pečeno ispod peke	unter dem Deckel (der Glocke) gebacken

Deserti	**Desserts**
dnevni kolač	Kuchen des Tages
fritule	kleinere krapfen-ähnliche Kuchen
palačinke s čokoladom	Pfannkuchen (Palatschinken) mit Schokolade
palačinke u vinskom šatou	Pfannkuchen mit Weinschaumcreme
sladoled	Eis

Hrvatski – Kroatisch	**Njemački – Deutsch**
Voće	**Früchte**
badem (bajam)	Mandel
borovnice	Heidelbeeren
breskva	Pfirsich
brusnice	Preiselbeeren
dinja	Honigmelone
grožđe	Weintrauben
jabuka	Apfel
jagode	Erdbeeren
kruška	Birne
limun	Zitrone
lubenica	Wassermelone
maline	Himbeeren
mandarine	Mandarinen
marelica	Aprikose
mogranj	Granatapfel
naranča	Orange
ribizl	Johannisbeeren
šljiva	Pflaume
smokva	Feige
šumsko voće	Waldfrüchte

Napitci	**Getränke**
bevanda	Rotwein mit Wasser gemischt
bijelo vino	Weißwein
crno vino	Rotwein
mineralna voda	Mineralwasser
pivo	Bier
pjenušac	Sekt
voćni sok	Fruchtsaft
voda	Wasser

Zum Dessert

Wir bedanken uns bei allen Kollegen und Freunden, die uns bei der Arbeit an diesem Buch unterstützt haben. Ein besonderer Dank gilt den Inhabern, Köchen und Kellnern der beschriebenen Konobas und Restaurants. Mit viel Fantasie haben sie für unsere Fotoshootings ihre liebsten Speisen zubereitet und mit unendlicher Geduld ausgeharrt, bis wir die Bilder im Kasten hatten.

Ein herzliches Dankeschön gilt auch allen Restaurantgästen, die Freude daran hatten, uns spontan bei unserer Arbeit zu unterstützen oder sich gern als Statisten für dieses Buch ablichten ließen.

Unser Dank gilt folgenden Firmen und Institutionen, die uns bei unseren Recherchereisen großzügig unterstützt haben:

- Kroatische Zentrale für Tourismus
- Croatia Airlines
- Adriatic Croatia International Club ACI
- Master Yachting Deutschland
- Offshore Boote, Wien
- Sunsail Deutschland/Kroatien
- Dalmatia Charter, Trogir
- Splendid Yachting, Šibenik
- Euromarine, Zagreb
- Solana Ston

Namentlich möchten wir uns vor allem ganz herzlich bei folgenden Personen bedanken: Mirna Bender, Ankica Ronji, Mato Radic, Romeo Draghicchio, Silvana Stiglić, Andrea Barbera, Gerhard Bergmann, Stefan Breck, Zeljko Pavicic, Thomas Mesarić, Katja Meinken-Wiedemann, Keith Owen Harvey, Ivica Buble, Alma Vatter, Mario Knego, Svetan und Mario Pejić.

Last but not least danken wir unseren Kritikern, die mit beständiger Aufmerksamkeit unsere Arbeit begleiten und uns damit unermüdlich unterstützen.

Bodo Müller
Siegrun Scheiter
Jürgen Straßburger

Register

Restaurants

Orte

YACHTCHARTER
FLOTTILLEN
SEGELSCHULEN
REGATTEN
25 SEGELREVIERE WELTWEIT